NE 능률

기본 연산 Check-Book

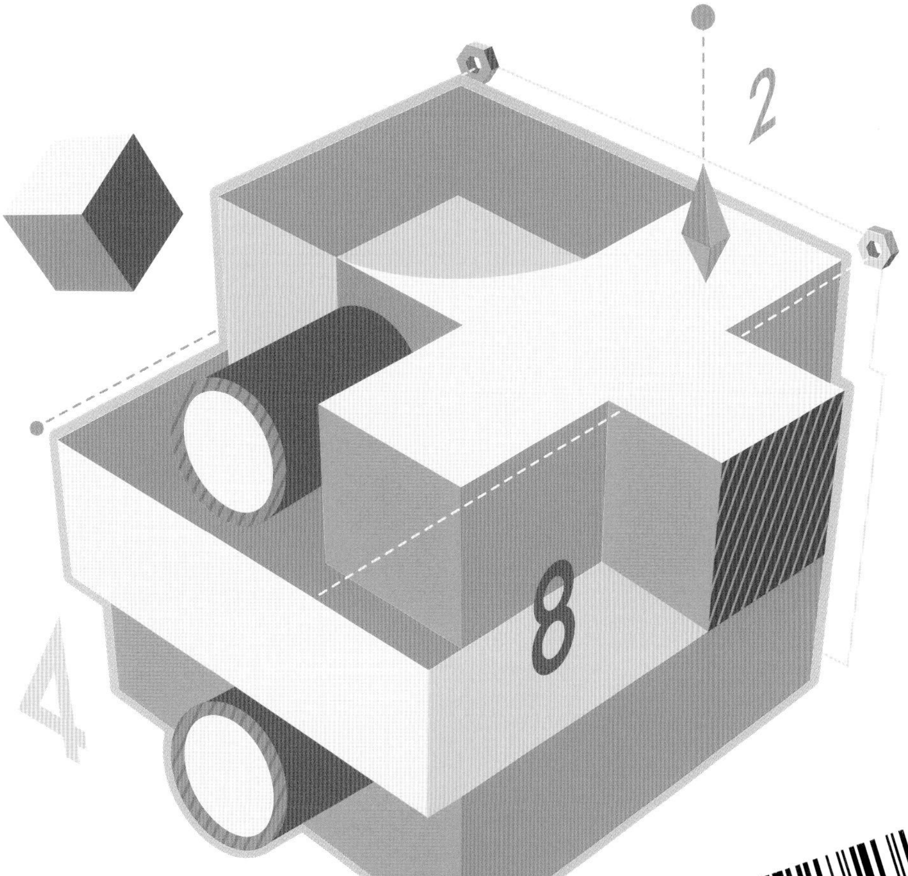

초등4 3호

소수의 덧셈과 뺄셈

1주 소수 두 자리, 세 자리 수

❶
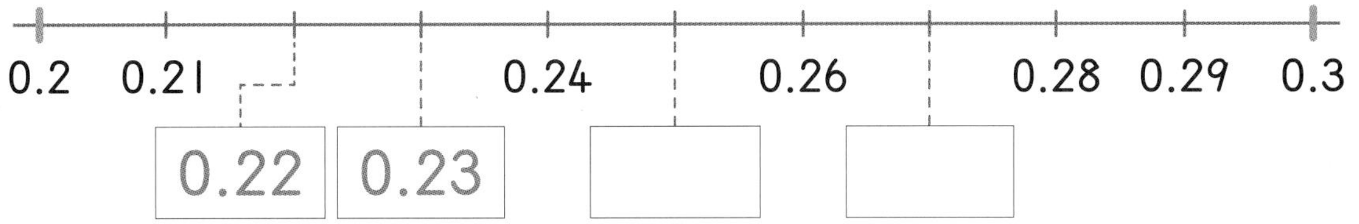

❷
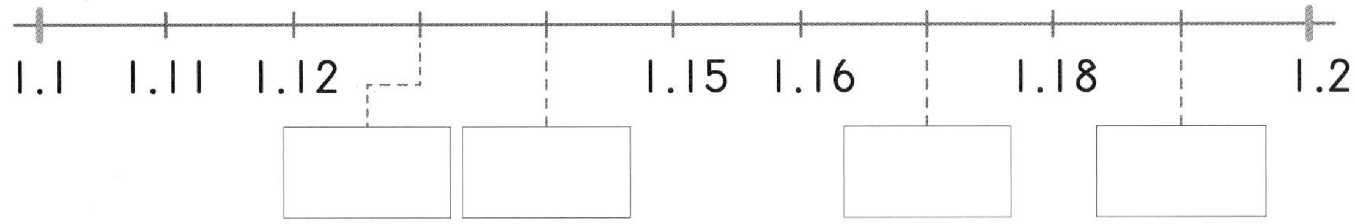

❸
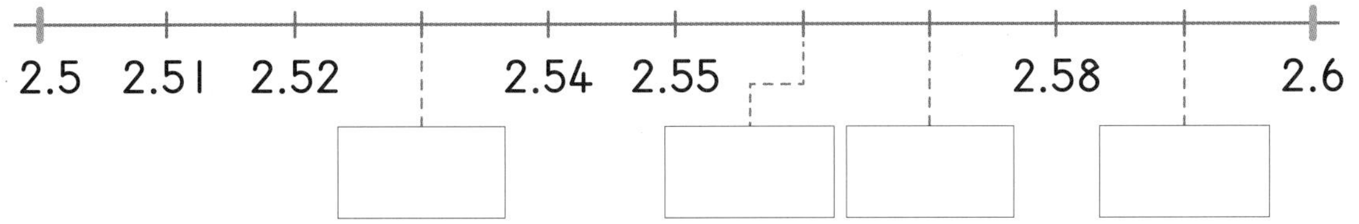

❹
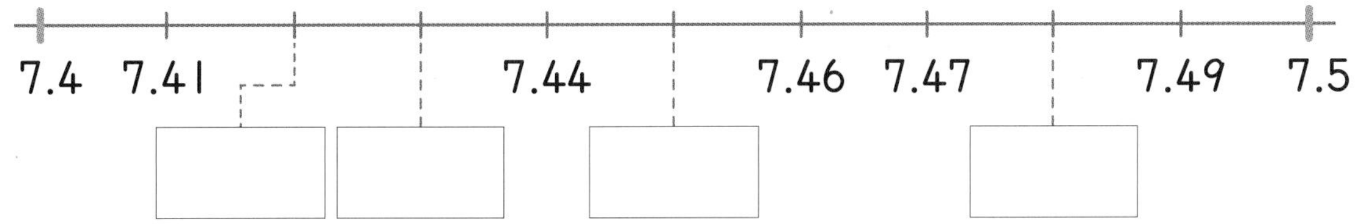

❺
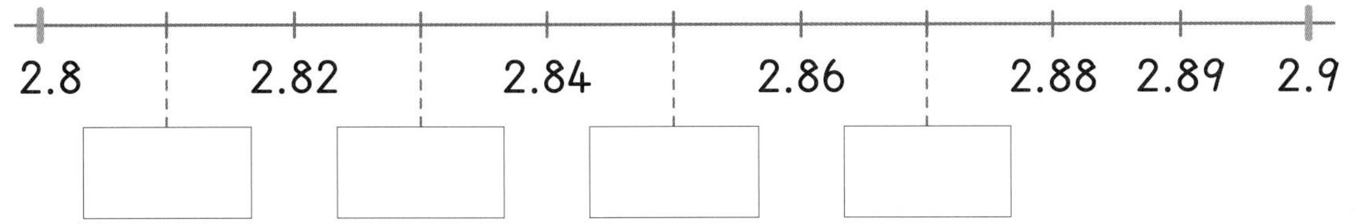

❻
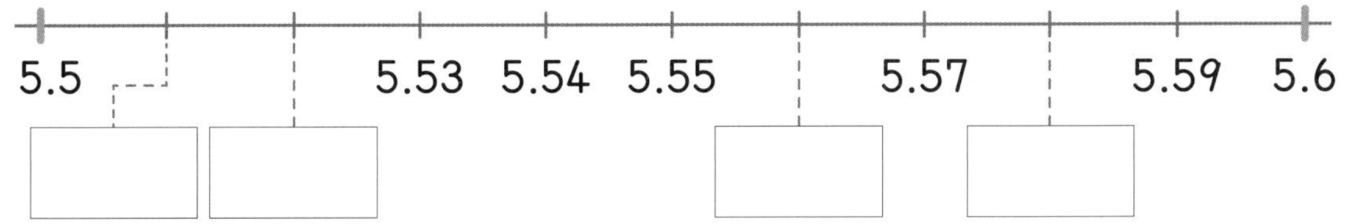

자르는 선

월 일

⑦ 0.12 0.121 0.122 [0.123] 0.124 0.125 [ ] 0.127 0.128 [ ] 0.13

⑧ 2.23 2.231 [ ] 2.233 2.234 [ ] 2.236 2.237 [ ] 2.239 2.24

⑨ 6.05 6.051 [ ] 6.053 [ ] 6.055 6.056 6.057 6.058 [ ] 6.06

⑩ 9.12 9.121 9.122 [ ] 9.124 9.125 [ ] 9.127 [ ] 9.129 9.13

⑪ 1.98 1.981 [ ] 1.983 1.984 1.985 [ ] 1.987 [ ] 1.989 1.99

⑫ 3.11 [ ] 3.112 3.113 [ ] 3.115 [ ] 3.117 3.118 3.119 3.12

자르는 선

2주 소수 사이의 관계

❶
- 13.6의 $\frac{1}{10}$배는 1.36
- 13.6의 $\frac{1}{100}$배는 0.136

❷
- 21.5의 $\frac{1}{10}$배는 ☐
- 21.5의 $\frac{1}{100}$배는 ☐

❸
- 23의 $\frac{1}{10}$배는 ☐
- 23의 $\frac{1}{100}$배는 ☐

❹
- 12.4의 $\frac{1}{10}$배는 ☐
- 12.4의 $\frac{1}{100}$배는 ☐

❺
- 58.3의 $\frac{1}{10}$배는 ☐
- 58.3의 $\frac{1}{100}$배는 ☐

❻
- 16.7의 $\frac{1}{10}$배는 ☐
- 16.7의 $\frac{1}{100}$배는 ☐

❼
- 43.5의 $\frac{1}{10}$배는 ☐
- 43.5의 $\frac{1}{100}$배는 ☐

❽
- 26의 $\frac{1}{10}$배는 ☐
- 26의 $\frac{1}{100}$배는 ☐

❾
- 5.4의 $\frac{1}{10}$배는 ☐
- 5.4의 $\frac{1}{100}$배는 ☐

❿
- 81.2의 $\frac{1}{10}$배는 ☐
- 81.2의 $\frac{1}{100}$배는 ☐

자르는 선

월 일

⑪ 0.042의 10배는 0.42
0.042의 100배는 4.2

⑫ 2.347의 10배는
2.347의 100배는

⑬ 0.243의 10배는
0.243의 100배는

⑭ 4.81의 10배는
4.81의 100배는

⑮ 1.249의 10배는
1.249의 100배는

⑯ 1.803의 10배는
1.803의 100배는

⑰ 28.23의 10배는
28.23의 100배는

⑱ 6.237의 10배는
6.237의 100배는

⑲ 9.42의 10배는
9.42의 100배는

⑳ 0.44의 10배는
0.44의 100배는

㉑ 0.072의 10배는
0.072의 100배는

㉒ 5.108의 10배는
5.108의 100배는

자르는 선

3주 소수의 크기 비교

❶ 0.25 (<) 0.27	❷ 6.44 ( ) 6.97
❸ 0.33 ( ) 0.37	❹ 5.54 ( ) 5.52
❺ 0.96 ( ) 0.89	❻ 8.44 ( ) 8.45
❼ 0.63 ( ) 0.75	❽ 1.41 ( ) 1.29
❾ 0.18 ( ) 0.11	❿ 2.05 ( ) 2.97
⓫ 0.71 ( ) 0.77	⓬ 9.16 ( ) 8.38
⓭ 0.54 ( ) 0.29	⓮ 7.46 ( ) 7.44
⓯ 0.07 ( ) 0.13	⓰ 9.77 ( ) 9.54
⓱ 0.68 ( ) 0.74	⓲ 3.52 ( ) 3.58

자르는 선

월 일

⑲ 0.325 ◯ 0.29

⑳ 2.3 ◯ 2.007

㉑ 0.877 ◯ 1.42

㉒ 4.51 ◯ 4.039

㉓ 0.533 ◯ 0.595

㉔ 7.222 ◯ 7.3

㉕ 0.36 ◯ 0.316

㉖ 7.62 ◯ 7.981

㉗ 0.325 ◯ 0.29

㉘ 5.525 ◯ 5.5

㉙ 0.695 ◯ 0.68

㉚ 4.952 ◯ 4.09

㉛ 0.402 ◯ 0.41

㉜ 6.717 ◯ 6.84

㉝ 0.325 ◯ 0.29

㉞ 3.746 ◯ 3.6

㉟ 0.953 ◯ 0.975

㊱ 8.7 ◯ 8.755

자르는 선

4주 자릿수가 같은 소수 덧셈

❶ $0.7+0.6=$ ☐

❷ $1.4+0.8=$ ☐

❸ $1.6+7.8=$ ☐

❹ $11.7+3.3=$ ☐

❺ $13.6+12.1=$ ☐

❻ $8.9+7.2=$ ☐

❼ $4.7+0.6=$ ☐

❽ $0.6+1.2=$ ☐

❾ $10.7+5.9=$ ☐

❿ $9.7+9.6=$ ☐

⓫ $2.6+1.4=$ ☐

⓬ $0.3+8.9=$ ☐

⓭ $\begin{array}{r} 0.7 \\ +\,0.8 \\ \hline \square \end{array}$

⓮ $\begin{array}{r} 3.2 \\ +\,0.9 \\ \hline \square \end{array}$

⓯ $\begin{array}{r} 4.4 \\ +\,2.7 \\ \hline \square \end{array}$

⓰ $\begin{array}{r} 5.1 \\ +\,10.4 \\ \hline \square \end{array}$

⓱ $\begin{array}{r} 6.8 \\ +\,5.4 \\ \hline \square \end{array}$

⓲ $\begin{array}{r} 11.6 \\ +\,1.7 \\ \hline \square \end{array}$

⓳ $\begin{array}{r} 3.4 \\ +\,1.8 \\ \hline \square \end{array}$

⓴ $\begin{array}{r} 5.6 \\ +\,11.8 \\ \hline \square \end{array}$

자르는 선

월 일

㉑ $0.27+0.31=$

㉒ $1.43+7.75=$

㉓ $1.62+4.95=$

㉔ $8.09+4.78=$

㉕ $0.65+3.02=$

㉖ $8.94+1.73=$

㉗ $8.32+2.97=$

㉘ $4.87+7.07=$

㉙ $1.13+0.27=$

㉚ $9.57+0.78=$

㉛ $1.81+6.92=$

㉜ $2.92+1.26=$

㉝ $\begin{array}{r} 0.35 \\ +\,0.44 \\ \hline \end{array}$

㉞ $\begin{array}{r} 1.95 \\ +\,7.59 \\ \hline \end{array}$

㉟ $\begin{array}{r} 1.58 \\ +\,6.61 \\ \hline \end{array}$

㊱ $\begin{array}{r} 0.53 \\ +\,0.27 \\ \hline \end{array}$

㊲ $\begin{array}{r} 5.81 \\ +\,8.66 \\ \hline \end{array}$

㊳ $\begin{array}{r} 7.84 \\ +\,0.77 \\ \hline \end{array}$

㊴ $\begin{array}{r} 2.69 \\ +\,0.45 \\ \hline \end{array}$

㊵ $\begin{array}{r} 4.66 \\ +\,0.83 \\ \hline \end{array}$

자르는 선

5주 자릿수가 다른 소수 덧셈

❶ $0.6+0.14=$ □

❷ $0.72+1.3=$ □

❸ $6.92+2.9=$ □

❹ $1.26+1.9=$ □

❺ $7.5+1.58=$ □

❻ $0.96+5.3=$ □

❼ $8.6+0.81=$ □

❽ $7.84+0.7=$ □

❾ $5.6+3.94=$ □

❿ $4.66+4.8=$ □

⓫ $2.5+0.94=$ □

⓬ $1.9+1.32=$ □

⓭ $\begin{array}{r} 0.8 \\ +0.25 \\ \hline \end{array}$ □

⓮ $\begin{array}{r} 3.42 \\ +0.8 \\ \hline \end{array}$ □

⓯ $\begin{array}{r} 4.18 \\ +5.9 \\ \hline \end{array}$ □

⓰ $\begin{array}{r} 0.2 \\ +6.93 \\ \hline \end{array}$ □

⓱ $\begin{array}{r} 6.54 \\ +2.4 \\ \hline \end{array}$ □

⓲ $\begin{array}{r} 3.2 \\ +1.86 \\ \hline \end{array}$ □

⓳ $\begin{array}{r} 5.51 \\ +1.9 \\ \hline \end{array}$ □

⓴ $\begin{array}{r} 7.5 \\ +0.94 \\ \hline \end{array}$ □

자르는 선

월 일

㉑ 0.9+0.125=

㉒ 2.45+1.125=

㉓ 2.325+1.4=

㉔ 3.531+8.24=

㉕ 7.2+2.606=

㉖ 4.347+5.81=

㉗ 2.1+2.777=

㉘ 2.198+6.18=

㉙ 3.982+8.3=

㉚ 3.48+2.776=

㉛ 6.183+5.8=

㉜ 0.959+8.68=

㉝ $\begin{array}{r} 0.9 \\ +0.125 \\ \hline \end{array}$

㉞ $\begin{array}{r} 0.384 \\ +6.61 \\ \hline \end{array}$

㉟ $\begin{array}{r} 6.617 \\ +1.52 \\ \hline \end{array}$

㊱ $\begin{array}{r} 1.691 \\ +2.8 \\ \hline \end{array}$

㊲ $\begin{array}{r} 3.6 \\ +4.562 \\ \hline \end{array}$

㊳ $\begin{array}{r} 2.321 \\ +5.74 \\ \hline \end{array}$

자르는 선

6주 자릿수가 같은 소수 뺄셈

❶ $0.7-0.6=$ □

❷ $1.4-0.8=$ □

❸ $2.6-1.4=$ □

❹ $10.5-8.6=$ □

❺ $6.2-2.3=$ □

❻ $4.1-3.7=$ □

❼ $8.2-7.4=$ □

❽ $2.8-0.9=$ □

❾ $11.4-2.7=$ □

❿ $10.1-5.5=$ □

⓫ $6.2-5.8=$ □

⓬ $7.4-3.6=$ □

⓭ $\begin{array}{r} 0.9 \\ -\ 0.5 \\ \hline \square \end{array}$

⓮ $\begin{array}{r} 3.4 \\ -\ 1.6 \\ \hline \square \end{array}$

⓯ $\begin{array}{r} 5.2 \\ -\ 3.5 \\ \hline \square \end{array}$

⓰ $\begin{array}{r} 10.1 \\ -\ 5.6 \\ \hline \square \end{array}$

⓱ $\begin{array}{r} 2.5 \\ -\ 1.8 \\ \hline \square \end{array}$

⓲ $\begin{array}{r} 11.3 \\ -\ 8.6 \\ \hline \square \end{array}$

⓳ $\begin{array}{r} 7.7 \\ -\ 2.9 \\ \hline \square \end{array}$

⓴ $\begin{array}{r} 10.6 \\ -\ 3.7 \\ \hline \square \end{array}$

자르는 선

월 일

㉑ $4.53-0.68=$

㉒ $10.05-3.74=$

㉓ $2.18-0.38=$

㉔ $4.82-2.59=$

㉕ $9.72-6.84=$

㉖ $2.47-1.29=$

㉗ $5.53-0.86=$

㉘ $8.55-2.98=$

㉙ $10.22-0.33=$

㉚ $3.35-1.09=$

㉛ $8.94-0.57=$

㉜ $9.88-2.98=$

㉝ $\begin{array}{r} 0.85 \\ -0.57 \\ \hline \end{array}$

㉞ $\begin{array}{r} 3.23 \\ -0.68 \\ \hline \end{array}$

㉟ $\begin{array}{r} 4.11 \\ -0.22 \\ \hline \end{array}$

㊱ $\begin{array}{r} 10.72 \\ -6.97 \\ \hline \end{array}$

㊲ $\begin{array}{r} 8.35 \\ -6.29 \\ \hline \end{array}$

㊳ $\begin{array}{r} 4.14 \\ -1.42 \\ \hline \end{array}$

㊴ $\begin{array}{r} 0.51 \\ -0.39 \\ \hline \end{array}$

㊵ $\begin{array}{r} 11.04 \\ -6.96 \\ \hline \end{array}$

자르는 선

7주 자릿수가 다른 소수 뺄셈

❶ $0.6-0.14=$ ☐

❷ $1.3-0.72=$ ☐

❸ $9.8-0.83=$ ☐

❹ $3.99-3.9=$ ☐

❺ $6.09-2.7=$ ☐

❻ $3.2-2.45=$ ☐

❼ $4.47-2.5=$ ☐

❽ $5.45-4.8=$ ☐

❾ $8.2-1.35=$ ☐

❿ $8.98-3.9=$ ☐

⓫ $1.56-0.9=$ ☐

⓬ $7.72-5.8=$ ☐

⓭ $\begin{array}{r} 0.7 \\ -\ 0.34 \\ \hline \end{array}$ ☐

⓮ $\begin{array}{r} 7.03 \\ -\ 2.6 \\ \hline \end{array}$ ☐

⓯ $\begin{array}{r} 3.5 \\ -\ 1.73 \\ \hline \end{array}$ ☐

⓰ $\begin{array}{r} 9.76 \\ -\ 6.3 \\ \hline \end{array}$ ☐

⓱ $\begin{array}{r} 10.42 \\ -\ 2.8 \\ \hline \end{array}$ ☐

⓲ $\begin{array}{r} 6.2 \\ -\ 4.06 \\ \hline \end{array}$ ☐

⓳ $\begin{array}{r} 4.69 \\ -\ 1.7 \\ \hline \end{array}$ ☐

⓴ $\begin{array}{r} 2.6 \\ -\ 0.88 \\ \hline \end{array}$ ☐

자르는 선

월 일

㉑ $2.282-1.91=$

㉒ $5.59-2.637=$

㉓ $2.33-1.093=$

㉔ $7.58-0.521=$

㉕ $7.01-6.215=$

㉖ $5.5-3.745=$

㉗ $6.561-4.07=$

㉘ $8.252-0.35=$

㉙ $7.012-6.1=$

㉚ $6.2-3.634=$

㉛ $8.44-2.934=$

㉜ $7.328-2.6=$

㉝ $\begin{array}{r} 0.305 \\ -0.17 \\ \hline \end{array}$

㉞ $\begin{array}{r} 8.4 \\ -0.967 \\ \hline \end{array}$

㉟ $\begin{array}{r} 5.898 \\ -3.01 \\ \hline \end{array}$

㊱ $\begin{array}{r} 4.514 \\ -1.86 \\ \hline \end{array}$

㊲ $\begin{array}{r} 3.6 \\ -1.443 \\ \hline \end{array}$

㊳ $\begin{array}{r} 8.112 \\ -2.22 \\ \hline \end{array}$

자르는 선

8주 소수의 계산

❶ $3.4+0.7-1.5=$

❷ $5.2-1.7+6.9=$

❸ $2.6+6.9-0.6=$

❹ $5.9+7.1-3.9=$

❺ $8.8-2.9+0.2=$

❻ $4.5-1.6-1.5=$

❼ $1.7+6.6-4.8=$

❽ $6.7-4.3+3.6=$

❾ $0.4+6.3-2.7=$

❿ $7.1-1.8+8.1=$

⓫ $6.56-0.21-3.78=$

⓬ $5.08+1.29-2.44=$

⓭ $5.12+2.46-2.77=$

⓮ $6.11-0.34+1.15=$

⓯ $3.87+8.81-0.05=$

자르는 선

월 일

⑯ 3.24+0.007−1.5=

⑰ 7.596−1.81+3.1=

⑱ 7.465−6.44−0.9=

⑲ 1.411+2.2+0.91=

⑳ 1.265+3.92−2.3=

㉑ 2.44+5.2−1.005=

㉒ 0.793+2.7+5.79=

㉓ 4.775+3.69−4.6=

㉔ 8.32−2.9−0.003=

㉕ 4.578−0.78+1.8=

자르는 선

정 답

1주 소수 두 자리, 세 자리 수
1~2쪽

① 0.22, 0.23, 0.25, 0.27　② 1.13, 1.14, 1.17, 1.19　③ 2.53, 2.56, 2.57, 2.59
④ 7.42, 7.43, 7.45, 7.48　⑤ 2.81, 2.83, 2.85, 2.87　⑥ 5.51, 5.52, 5.56, 5.58
⑦ 0.123, 0.126, 0.129　⑧ 2.232, 2.235, 2.238　⑨ 6.052, 6.054, 6.059
⑩ 9.123, 9.126, 9.128　⑪ 1.982, 1.986, 1.988　⑫ 3.111, 3.114, 3.116

2주 소수 사이의 관계
3~4쪽

① 1.36, 0.136　② 2.15, 0.215　③ 2.3, 0.23　④ 1.24, 0.124　⑤ 5.83, 0.583
⑥ 1.67, 0.167　⑦ 4.35, 0.435　⑧ 2.6, 0.26　⑨ 0.54, 0.054　⑩ 8.12, 0.812
⑪ 0.42, 4.2　⑫ 23.47, 234.7　⑬ 2.43, 24.3　⑭ 48.1, 481　⑮ 12.49, 124.9
⑯ 18.03, 180.3　⑰ 282.3, 2823　⑱ 62.37, 623.7　⑲ 94.2, 942　⑳ 4.4, 44
㉑ 0.72, 7.2　㉒ 51.08, 510.8

3주 소수의 크기 비교
5~6쪽

① <	② <	③ <	④ >	⑤ >	⑥ <	⑦ <	⑧ >	⑨ >	⑩ <	⑪ <	⑫ >
⑬ >	⑭ >	⑮ <	⑯ >	⑰ <	⑱ <	⑲ >	⑳ >	㉑ <	㉒ >	㉓ <	㉔ <
㉕ >	㉖ <	㉗ >	㉘ >	㉙ >	㉚ >	㉛ <	㉜ <	㉝ >	㉞ >	㉟ <	㊱ <

4주 자릿수가 같은 소수 덧셈
7~8쪽

① 1.3　② 2.2　③ 9.4　④ 15　⑤ 25.7　⑥ 16.1　⑦ 5.3　⑧ 1.8　⑨ 16.6　⑩ 19.3
⑪ 4　⑫ 9.2　⑬ 1.5　⑭ 4.1　⑮ 7.1　⑯ 15.5　⑰ 12.2　⑱ 13.3　⑲ 5.2　⑳ 17.4
㉑ 0.58　㉒ 9.18　㉓ 6.57　㉔ 12.87　㉕ 3.67　㉖ 10.67　㉗ 11.29　㉘ 11.94　㉙ 1.4　㉚ 10.35
㉛ 8.73　㉜ 4.18　㉝ 0.79　㉞ 9.54　㉟ 8.19　㊱ 0.8　㊲ 14.47　㊳ 8.61　㊴ 3.14　㊵ 5.49

5주 자릿수가 다른 소수 덧셈
9~10쪽

① 0.74　② 2.02　③ 9.82　④ 3.16　⑤ 9.08　⑥ 6.26　⑦ 9.41　⑧ 8.54　⑨ 9.54　⑩ 9.46
⑪ 3.44　⑫ 3.22　⑬ 1.05　⑭ 4.22　⑮ 10.08　⑯ 7.13　⑰ 8.94　⑱ 5.06　⑲ 7.41　⑳ 8.44
㉑ 1.025　㉒ 3.575　㉓ 3.725　㉔ 11.771　㉕ 9.806　㉖ 10.157　㉗ 4.877　㉘ 8.378
㉙ 12.282　㉚ 6.256　㉛ 11.983　㉜ 9.639　㉝ 1.025　㉞ 6.994　㉟ 8.137　㊱ 4.491
㊲ 8.162　㊳ 8.061

6주 자릿수가 같은 소수 뺄셈
11~12쪽

① 0.1　② 0.6　③ 1.2　④ 1.9　⑤ 3.9　⑥ 0.4　⑦ 0.8　⑧ 1.9　⑨ 8.7　⑩ 4.6
⑪ 0.4　⑫ 3.8　⑬ 0.4　⑭ 1.8　⑮ 1.7　⑯ 4.5　⑰ 0.7　⑱ 2.7　⑲ 4.8　⑳ 6.9
㉑ 3.85　㉒ 6.31　㉓ 1.8　㉔ 2.23　㉕ 2.88　㉖ 1.18　㉗ 4.67　㉘ 5.57　㉙ 9.89　㉚ 2.26
㉛ 8.37　㉜ 6.9　㉝ 0.28　㉞ 2.55　㉟ 3.89　㊱ 3.75　㊲ 2.06　㊳ 2.72　㊴ 0.12　㊵ 4.08

7주 자릿수가 다른 소수 뺄셈
13~14쪽

① 0.46　② 0.58　③ 8.97　④ 0.09　⑤ 3.39　⑥ 0.75　⑦ 1.97　⑧ 0.65　⑨ 6.85　⑩ 5.08
⑪ 0.66　⑫ 1.92　⑬ 0.36　⑭ 4.43　⑮ 1.77　⑯ 3.46　⑰ 7.62　⑱ 2.14　⑲ 2.99　⑳ 1.72
㉑ 0.372　㉒ 2.953　㉓ 1.237　㉔ 7.059　㉕ 0.795　㉖ 1.755　㉗ 2.491　㉘ 7.902　㉙ 0.912　㉚ 2.566
㉛ 5.506　㉜ 4.728　㉝ 0.135　㉞ 7.433　㉟ 2.888　㊱ 2.654　㊲ 2.157　㊳ 5.892

8주 소수의 계산
15~16쪽

① 2.6　② 10.4　③ 8.9　④ 9.1　⑤ 6.1　⑥ 1.4　⑦ 3.5　⑧ 6　⑨ 4　⑩ 13.4
⑪ 2.57　⑫ 3.93　⑬ 4.81　⑭ 6.92　⑮ 12.63　⑯ 1.747　⑰ 8.886　⑱ 0.125　⑲ 4.521　⑳ 2.885
㉑ 6.635　㉒ 9.283　㉓ 3.865　㉔ 5.417　㉕ 5.598

사고셈

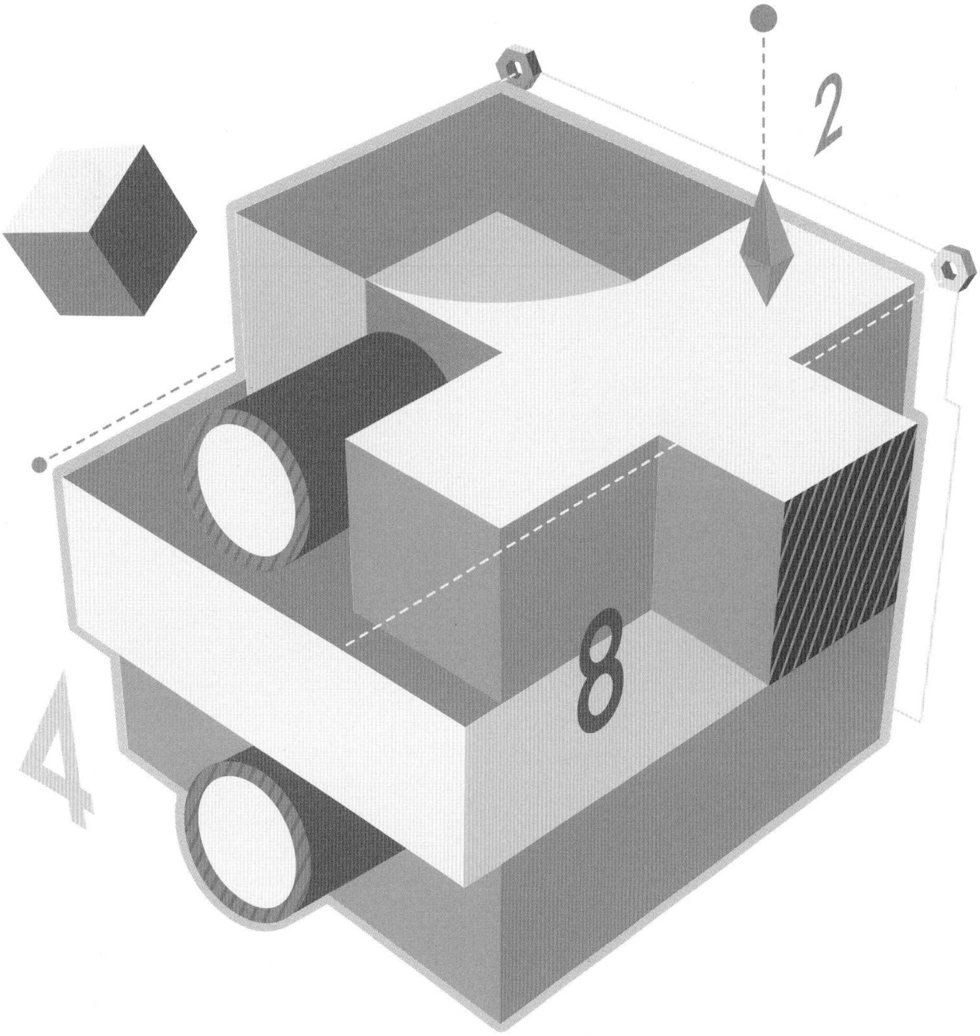

초등4 3호

이 책의 구성과 특징

생각의 힘을 키우는 사고(思考)셈은 1주 4개, 8주 32개의 사고력 유형 학습을 통해 수와 연산에 대한 개념의 응용력(추론 및 문제해결능력)을 키울 수 있도록 하였습니다.

사고력 연산

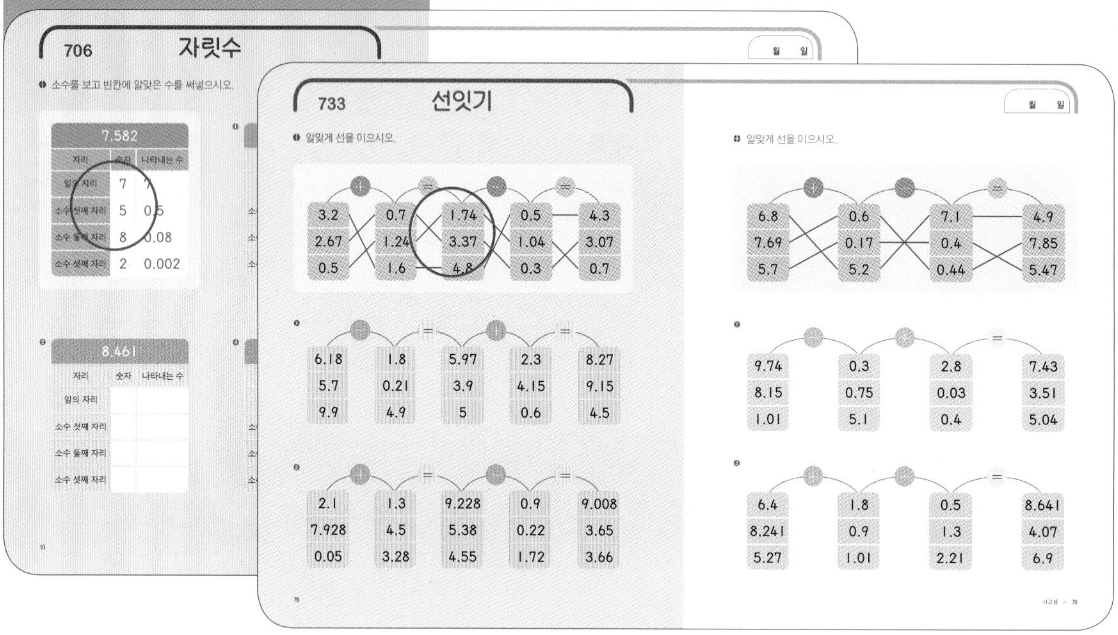
706 자릿수

❶ 소수를 보고 빈칸에 알맞은 수를 써넣으시오.

7.582		
자리	숫자	나타내는 수
일의 자리	7	7
소수 첫째 자리	5	0.5
소수 둘째 자리	8	0.08
소수 셋째 자리	2	0.002

8.461		
자리	숫자	나타내는 수
일의 자리		
소수 첫째 자리		
소수 둘째 자리		
소수 셋째 자리		

733 선잇기

❶ 알맞게 선을 이으시오.

3.2	0.7	1.74	0.5	4.3
2.67	1.24	3.37	1.04	3.07
0.5	1.6	4.8	0.3	0.7

6.18	1.8	5.97	2.3	8.27
5.7	0.21	3.9	4.15	9.15
9.9	4.9	5	0.6	4.5

2.1	1.3	9.228	0.9	9.008
7.928	4.5	5.38	0.22	3.65
0.05	3.28	4.55	1.72	3.66

❹ 알맞게 선을 이으시오.

6.8	0.6	7.1	4.9
7.69	0.17	0.4	7.85
5.7	5.2	0.44	5.47

9.74	0.3	2.8	7.43
8.15	0.75	0.03	3.51
1.01	5.1	0.4	5.04

6.4	1.8	0.5	8.641
8.241	0.9	1.3	4.07
5.27	1.01	2.21	6.9

- 대표 사고력 유형으로 연산 원리를 쉽게쉽게
- 1~4일차: 다양한 유형의 주 진도 학습

잘 공부했는지 알아봅시다.

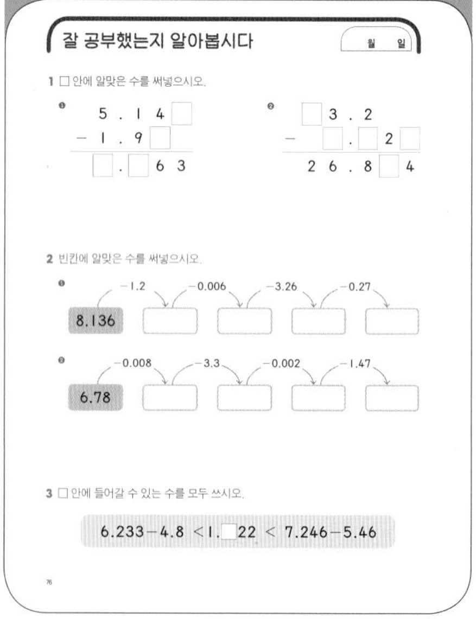
잘 공부했는지 알아봅시다

1 □ 안에 알맞은 수를 써넣으시오.

2 빈칸에 알맞은 수를 써넣으시오.

3 □ 안에 들어갈 수 있는 수를 모두 쓰시오.

6.233−4.8 < 1.□22 < 7.246−5.46

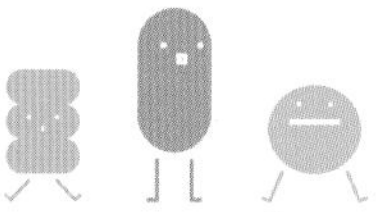

- 5일차 점검 학습: 주 진도 학습 확인

권두부록 (기본연산 Check-Book)

기본연산 Check-Book

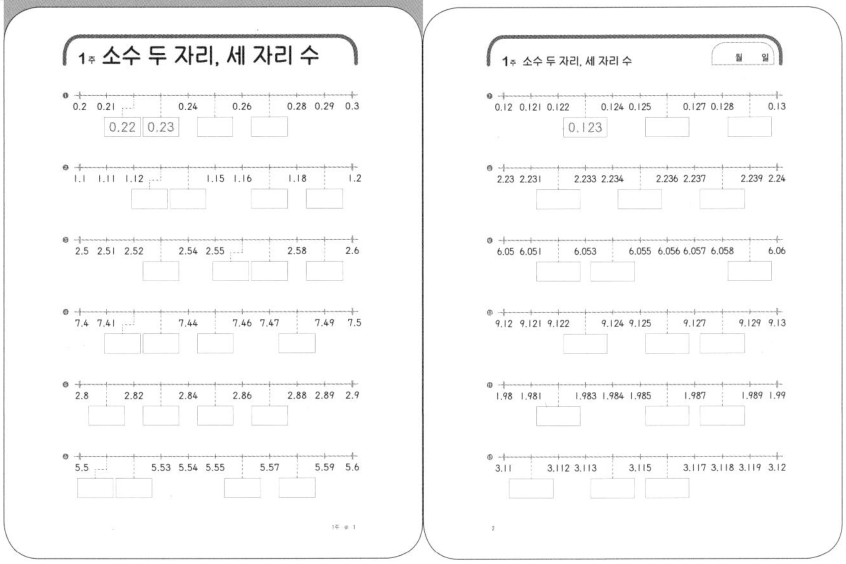
1주 소수 두 자리, 세 자리 수

❶ 0.2 0.21 ... 0.24 0.26 0.28 0.29 0.3 — 0.22 0.23
❷ 1.1 1.11 1.12 ... 1.15 1.16 1.18 1.2
❸ 2.5 2.51 2.52 2.54 2.55 ... 2.58 2.6
❹ 7.4 7.41 ... 7.44 7.46 7.47 7.49 7.5
❺ 2.8 2.82 2.84 2.86 2.88 2.89 2.9
❻ 5.5 ... 5.53 5.54 5.55 5.57 5.59 5.6

1주 소수 두 자리, 세 자리 수 월 일

❼ 0.12 0.121 0.122 0.124 0.125 0.127 0.128 0.13 — 0.123
❽ 2.23 2.231 2.233 2.234 2.236 2.237 2.239 2.24
❾ 6.05 6.051 6.053 6.055 6.056 6.057 6.058 6.06
❿ 9.12 9.121 9.122 9.124 9.125 9.127 9.129 9.13
⓫ 1.98 1.981 1.983 1.984 1.985 1.987 1.989 1.99
⓬ 3.11 3.112 3.113 3.115 3.117 3.118 3.119 3.12

- 본 학습 전 기본연산 실력 진단

권말부록 (G-Book)

Guide Book(정답 및 해설)

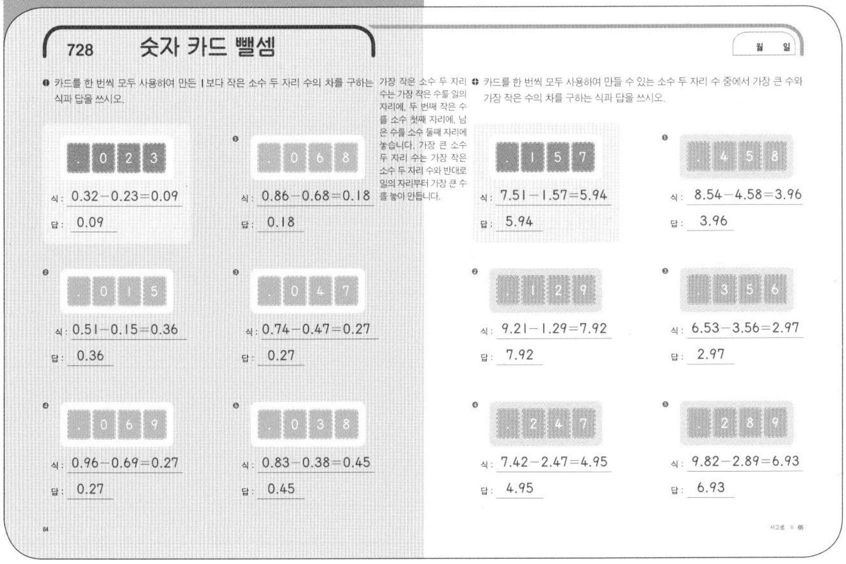
728 숫자 카드 뺄셈 월 일

● 카드를 한 번씩 모두 사용하여 만든 1보다 작은 소수 두 자리 수의 차를 구하는 식과 답을 쓰시오.

. 0 2 3 — 식: 0.32−0.23=0.09 답: 0.09
❶ . 0 6 8 — 식: 0.86−0.68=0.18 답: 0.18
❷ . 0 1 5 — 식: 0.51−0.15=0.36 답: 0.36
❸ . 0 4 7 — 식: 0.74−0.47=0.27 답: 0.27
❹ . 0 6 9 — 식: 0.96−0.69=0.27 답: 0.27
❺ . 0 3 8 — 식: 0.83−0.38=0.45 답: 0.45

가장 작은 소수 두 자리 수는 가장 작은 수를 일의 자리에, 두 번째 작은 수를 소수 첫째 자리에, 남은 수를 소수 둘째 자리에 놓습니다. 가장 큰 소수 두 자리 수는 가장 작은 소수 두 자리 수와 반대로 일의 자리부터 가장 큰 수를 놓아 만듭니다.

● 카드를 한 번씩 모두 사용하여 만들 수 있는 소수 두 자리 수 중에서 가장 큰 수와 가장 작은 수의 차를 구하는 식과 답을 쓰시오.

. 1 5 7 — 식: 7.51−1.57=5.94 답: 5.94
❶ . 4 5 8 — 식: 8.54−4.58=3.96 답: 3.96
❷ . 1 2 9 — 식: 9.21−1.29=7.92 답: 7.92
❸ . 3 5 6 — 식: 6.53−3.56=2.97 답: 2.97
❹ . 2 4 7 — 식: 7.42−2.47=4.95 답: 4.95
❺ . 2 8 9 — 식: 9.82−2.89=6.93 답: 6.93

- 문제와 답을 한 눈에!
- 상세한 풀이와 친절한 해설, 답

학습 효과 및 활용법

학습 효과

- 수학적 사고력 향상
- 생각의 다양성 향상
- 스스로 생각을 만드는 직관 학습
- 추론능력, 문제해결력 향상
- 연산의 원리 이해
- 수·연산 영역 완벽 대비
- 다양한 유형으로 수 조작력 향상
- 진도 학습 및 점검 학습으로 연산 학습 완성

사고셈

주차별 활용법

1단계
기본연산 Check-Book으로 준비 학습

→ **2단계**
사고력 유형으로 진도 학습

→ **3단계**
마무리 문제로 점검 학습

1단계 : 기본연산 Check-Book으로 사고력 연산을 위한 준비 학습을 합니다.

2단계 : 사고력 유형으로 사고력 연산의 진도 학습을 합니다.

3단계 : 한 주마다 점검 학습(잘 공부했는지 알아봅시다)으로 사고력 향상을 확인합니다.

학습 구성

6세

1호	10까지의 수
2호	더하기 빼기 1과 2
3호	합이 9까지인 덧셈
4호	한 자리 수의 뺄셈과 세 수의 계산

7세

1호	한 자리 수의 덧셈과 뺄셈
2호	10 만들기
3호	50까지의 수
4호	더하기 빼기 1과 2, 10과 20

초등 1

1호	덧셈구구
2호	뺄셈구구와 덧셈, 뺄셈 혼합
3호	100까지의 수, 1000까지의 수
4호	받아올림, 받아내림 없는 두 자리 수의 계산

초등 2

1호	두 자리 수와 한 자리 수의 덧셈과 뺄셈
2호	두 자리 수의 덧셈과 뺄셈
3호	곱셈구구
4호	곱셈과 나눗셈 구구

초등 3

1호	세·네 자리 수의 덧셈과 뺄셈
2호	분수와 소수의 기초
3호	두 자리 수의 곱셈과 나눗셈
4호	분수

초등 4

1호	분수의 덧셈과 뺄셈
2호	혼합 계산
3호	소수의 덧셈과 뺄셈
4호	어림하기

이 책의 학습 로드맵

START
시작

1주
소수 두 자리, 세 자리 수

2주
소수 사이의 관계

3주
소수의 크기 비교

4주
자릿수가 같은 소수 덧셈

5주
자릿수가 다른
소수 덧셈

6주
자릿수가 같은
소수 뺄셈

7주
자릿수가 다른 소수 뺄셈

8주
소수의 계산

GOAL
완성

1 소수 두 자리, 세 자리 수

705 선잇기

◐ 바른 것에 ○표 하시오.

분수 $\frac{1}{100}$을 소수로 (0.01 , 010)이라 씁니다.

❶ 0.24는 (0.01 , 0.1)이 24개입니다.

❷ 2.63은 (이점 육십삼 , 이점 육삼)이라 읽습니다.

❸ 0.01이 45개인 소수는 (4,5 , 0.45)입니다.

❹ 3.2와 3.20은 서로 (같은 , 다른) 수입니다.

❺ 3.72에서 2는 소수 (첫째 , 둘째)자리 숫자입니다.

❻ 1.64에서 4는 (0.4 , 0.04)를 나타냅니다.

❼ 0.25는 (영점 오이, 영점 이오)라고 읽습니다.

❽ $\frac{29}{100}$를 소수로 나타내면 (2.9 , 0.29)입니다.

❾ $\frac{1}{100}$이 30개이면 (0.3, 0.03)입니다.

◆ 관계있는 것끼리 선으로 이으시오.

$\frac{17}{100}$	영점 영칠
영점 삼오	0.17
0.07	$\frac{35}{100}$

❶

영점 팔사	영점 칠삼
0.73	$\frac{32}{100}$
영점 삼이	0.84

❷

0.1이 33개인 수	영점 영구	$\frac{1}{100}$이 133개인 수
일점 삼삼	0.01이 9개인 수	$\frac{1}{10}$이 33개인 수

❸

영점 삼칠	영점 오이
0.93	영점 구삼
$\frac{52}{100}$	0.37

❹

0.54	0.07
$\frac{7}{100}$	영점 오사
영점 일육	$\frac{16}{100}$

706 자릿수

◐ 소수를 보고 빈칸에 알맞은 수를 써넣으시오.

7.582		
자리	숫자	나타내는 수
일의 자리	7	7
소수 첫째 자리	5	0.5
소수 둘째 자리	8	0.08
소수 셋째 자리	2	0.002

❶

3.615		
자리	숫자	나타내는 수
일의 자리		
소수 첫째 자리		
소수 둘째 자리		
소수 셋째 자리		

❷

8.461		
자리	숫자	나타내는 수
일의 자리		
소수 첫째 자리		
소수 둘째 자리		
소수 셋째 자리		

❸

2.171		
자리	숫자	나타내는 수
일의 자리		
소수 첫째 자리		
소수 둘째 자리		
소수 셋째 자리		

◆ (안의 숫자가 나타내는 수를 빈칸에 써넣으시오.

5

5.142	7.056	0.524	3.075
5	0.05	0.5	0.005

❶ **7**

7.639	8.171	5.137	3.748

❷ **8**

2.648	3.825	8.226	3.983

❸ **3**

9.673	6.437	7.381	3.702

707 수직선 소수

◐ 수직선에서 화살표로 나타낸 소수를 빈칸에 써넣으시오.

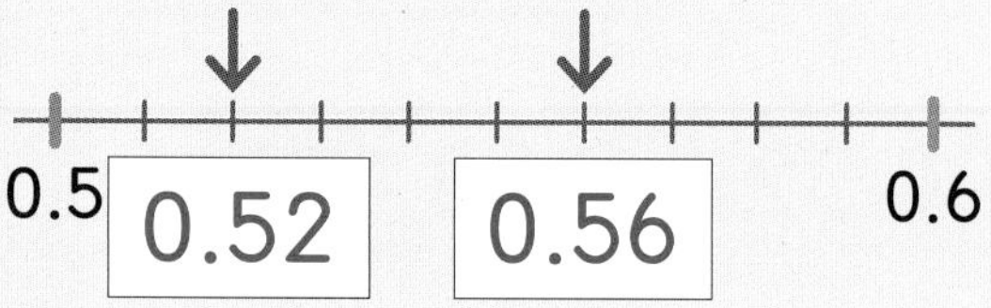

❶
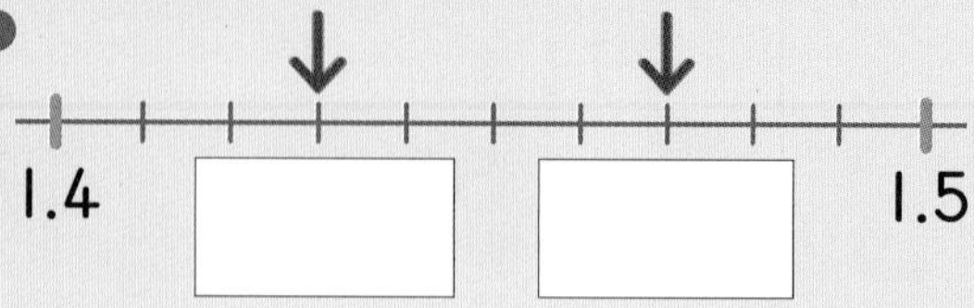

❷
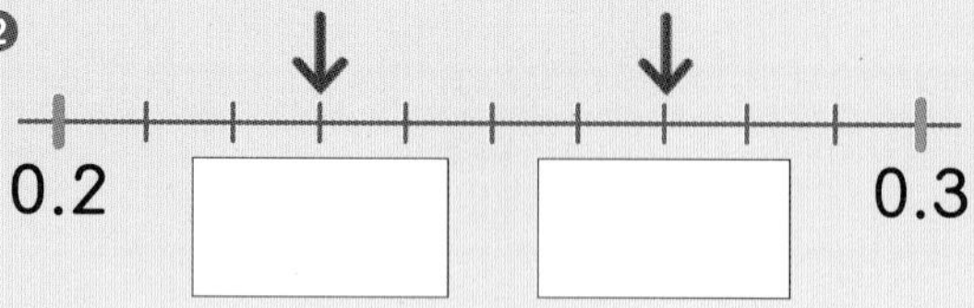

❸
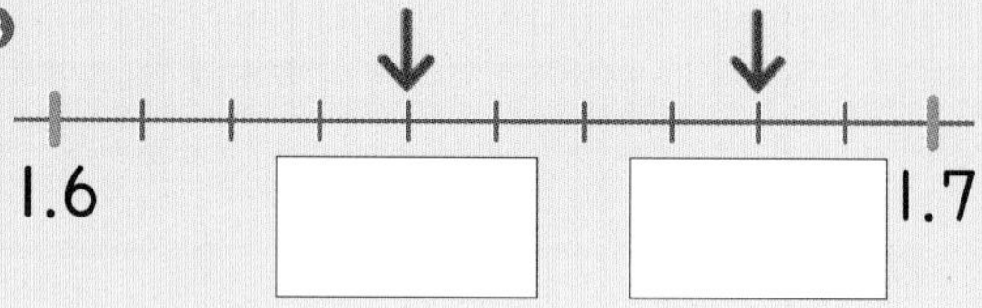

❹
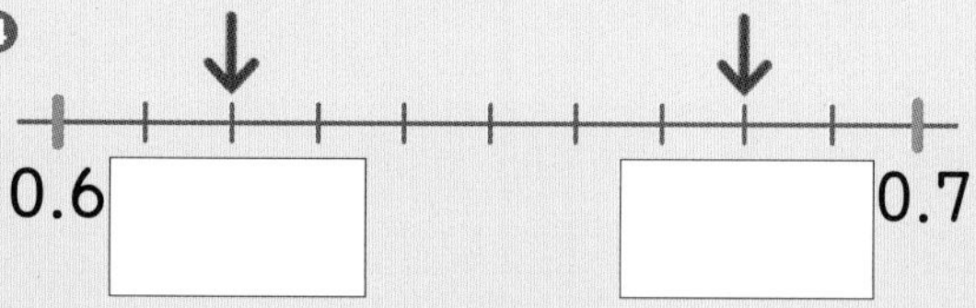

❺
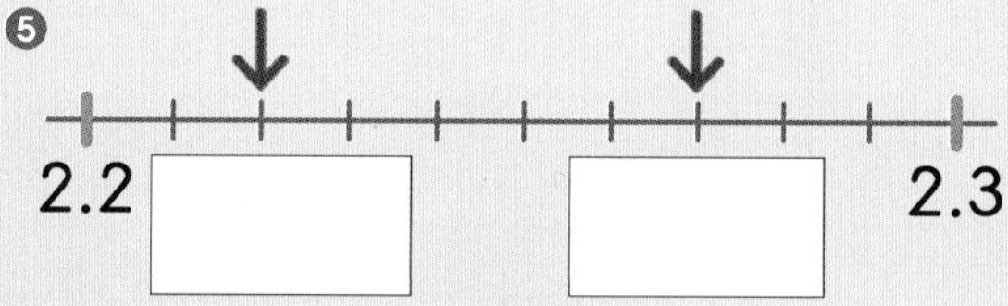

❻
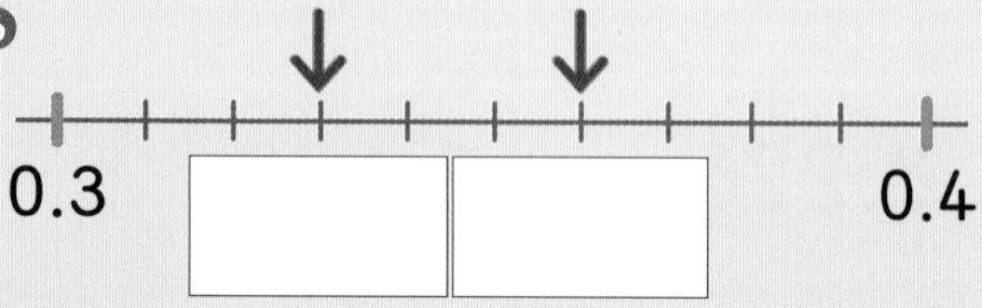

❼
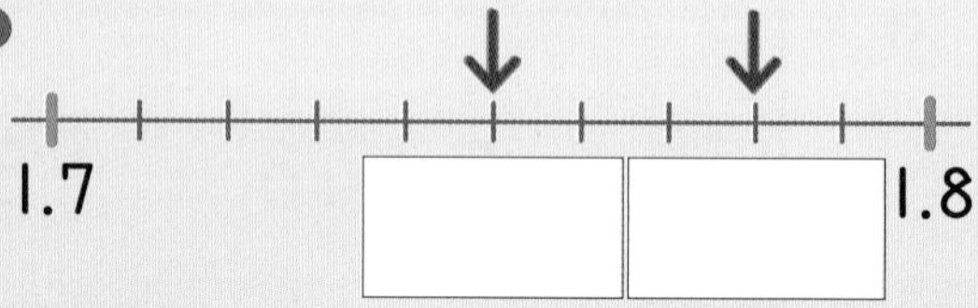

❽
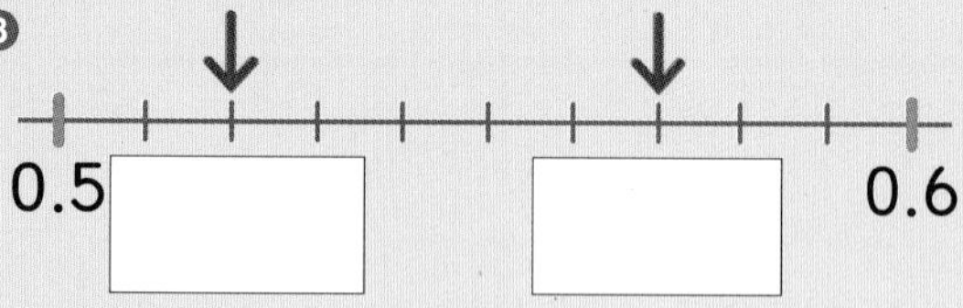

❾
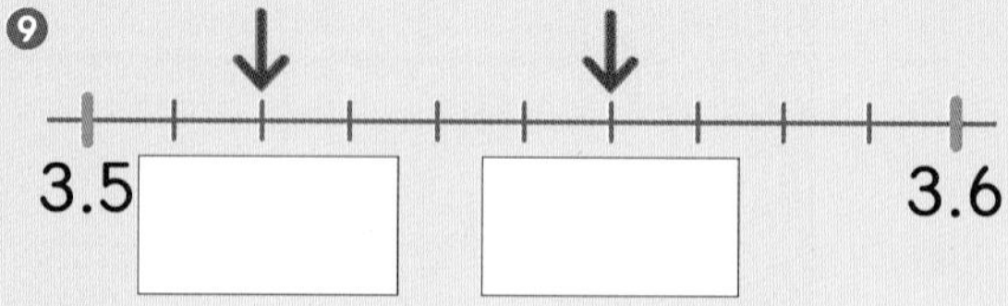

❿
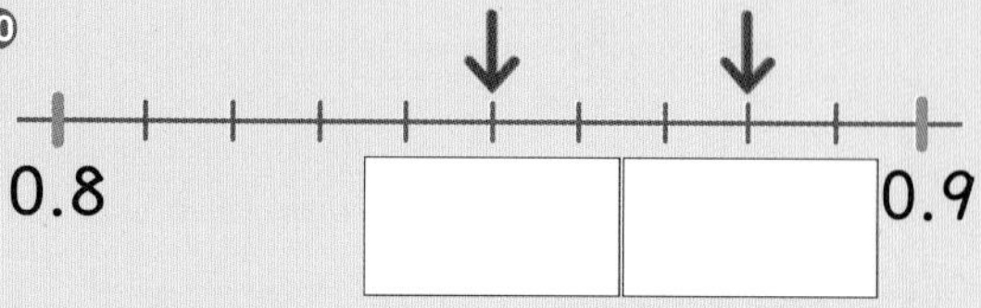

⓫
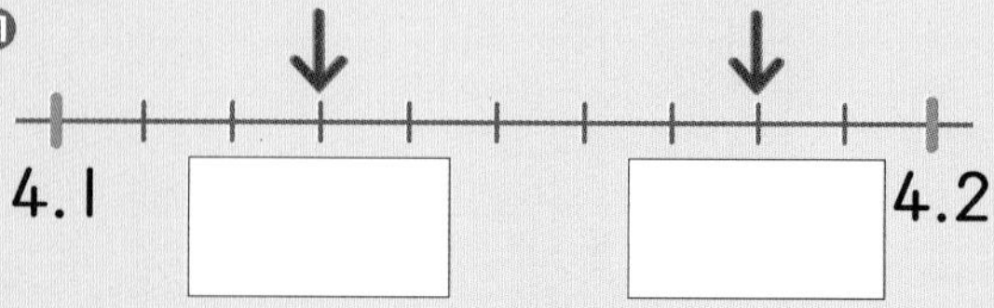

수직선에서 화살표로 나타낸 소수를 빈칸에 써넣으시오.

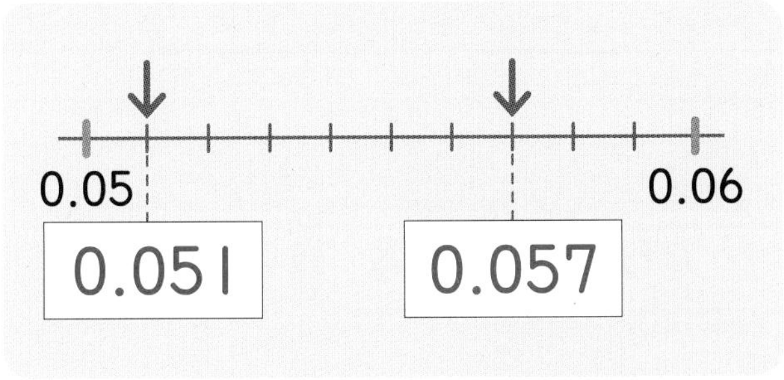

❶
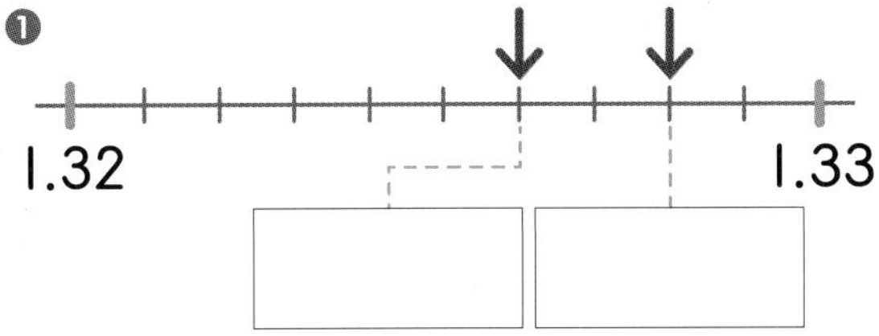

❷
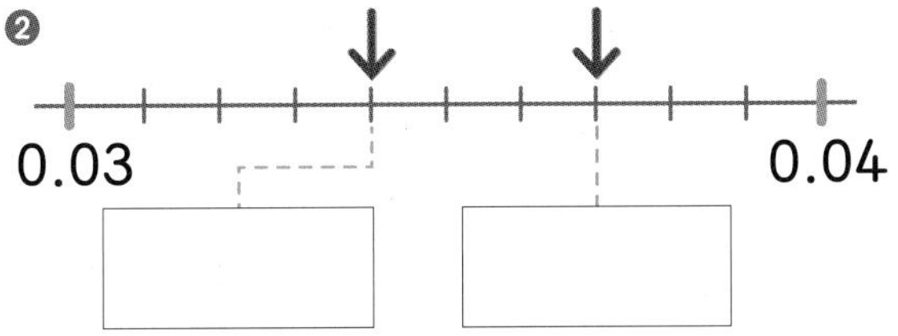

❸
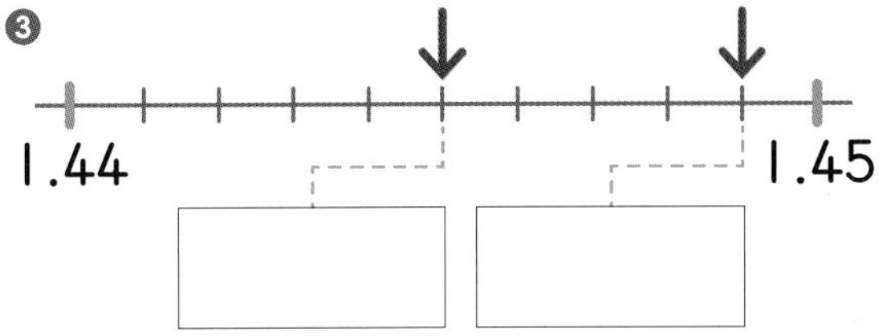

❹
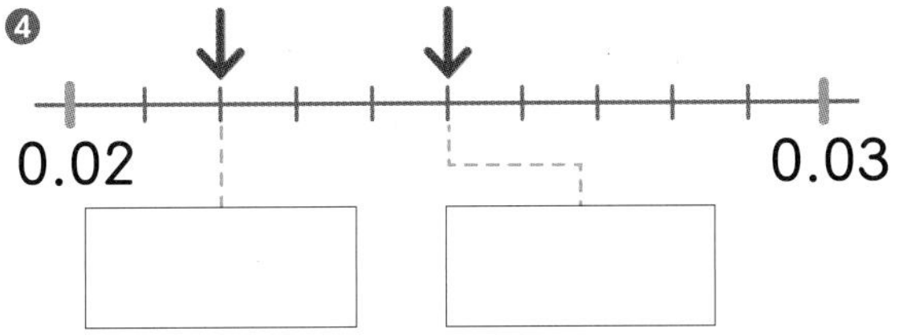

❺
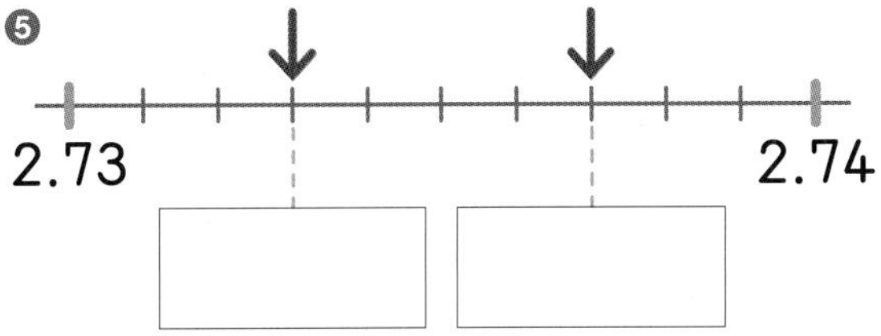

❻
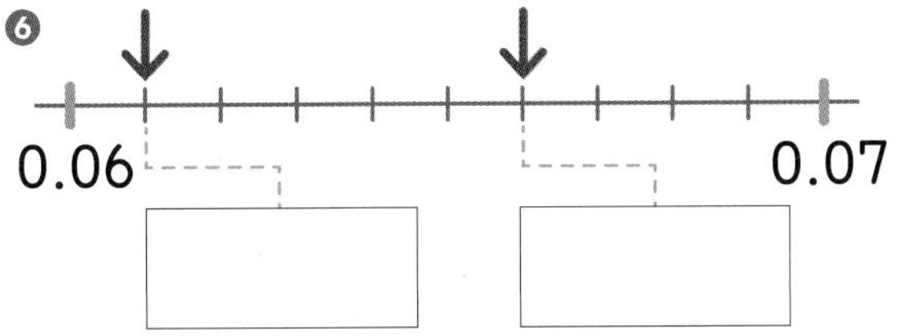

❼
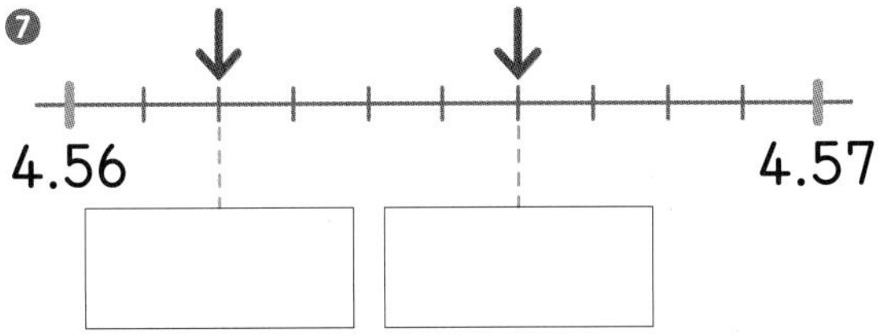

❽
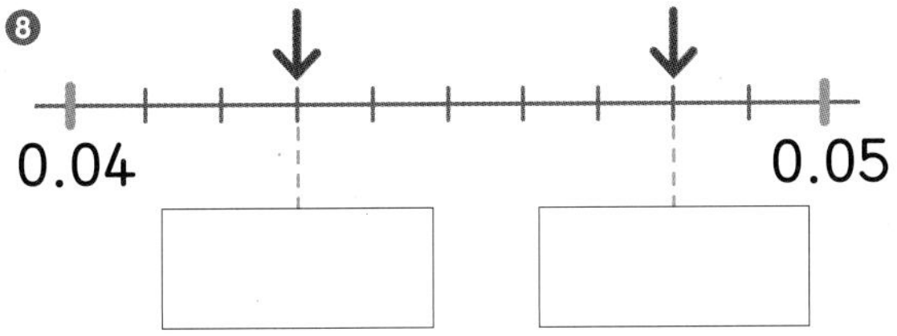

❾
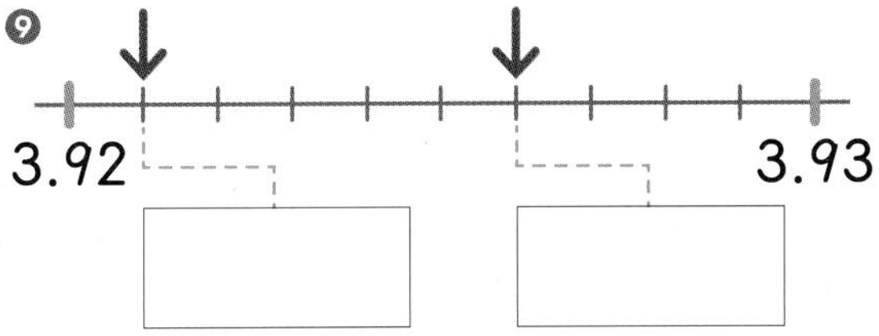

708 소수 뛰어 세기

◐ 안의 수만큼 뛰어 빈칸에 알맞은 수를 써넣으시오.

0.02

2.4	2.42	2.44	2.46	2.48	2.5

❶ 0.001

3.125	3.126		3.128		

❷ 0.05

2.64		2.74		2.84	

❸ 0.002

7.781	7.783				7.791

❹ 0.01

5.15		5.17			5.2

월 일

뒤어 세는 규칙을 찾아 빈칸에 알맞은 수를 써넣으시오.

0.02					
1.31	1.33	1.35	1.37	1.39	1.41

❶

1.594	1.595	1.596			

❷

6.27	6.47	6.67			

❸

3.288	3.29	3.292			

❹

4.2	4.25	4.3			

잘 공부했는지 알아봅시다

월 일

1 0.7과 0.8 사이에 있는 소수 두 자리 수는 모두 몇 개입니까?

2 관계있는 것끼리 선으로 이으시오.

0.38 •	• $\frac{25}{100}$
$\frac{864}{1000}$ •	• 영점 삼팔
0.25 •	• 0.864

3 다음 중 소수로 바르게 읽은 것에 ○표 하시오.

3.15	2.04	0.03	0.75
(삼점 십오)	(이점 사)	(점 삼)	(영점 칠오)

4 숫자 3이 나타내는 수가 큰 수부터 차례로 쓰시오.

3.14　　5.32　　0.273　　12.038

2 소수 사이의 관계

메모장

◐ 다른 수를 찾아 ×표 하시오.

0.03

0.3의 $\frac{1}{10}$배

~~0.3의 100배~~

3의 $\frac{1}{100}$배

0.003의 10배

❶ **0.08**

0.08의 10배

0.8의 $\frac{1}{10}$배

80의 $\frac{1}{1000}$배

0.008의 10배

❷ **1.63**

16.3의 $\frac{1}{10}$배

0.163의 100배

163의 $\frac{1}{100}$배

1630의 $\frac{1}{1000}$배

❸ **1.7**

17의 $\frac{1}{10}$배

0.17의 10배

170의 $\frac{1}{100}$배

0.017의 1000배

◆ 위의 수가 되도록 빈칸에 알맞은 수를 써넣으시오.

0.72

7.2의 $\frac{1}{10}$ 배

0.072의 10 배

72의 $\frac{1}{100}$ 배

❶ **0.07**

0.7의 ☐ 배

0.007의 ☐ 배

70의 ☐ 배

❷ **5.23**

523의 ☐ 배

0.523의 ☐ 배

52.3의 ☐ 배

❸ **0.48**

480의 ☐ 배

0.048의 ☐ 배

48의 ☐ 배

710 확대경

◐ (×10)은 주어진 수를 10배로 만듭니다. 빈칸에 알맞은 수를 써넣으시오.

0.043 → ×10 → 0.43

❶ 2.145 → ×10 → ☐

❷ 8.049 → ×10 → ☐

❸ 7.907 → ×10 → ☐

❹ 1.037 → ×10 → ☐ → ×10 → ☐ → ×10 → ☐

❺ 3.207 → ×10 → ×10 → ☐ → ×10 → ☐

❻ 4.314 → ×10 → ☐ → ×10 → ×10 → ☐

◆ (×10)은 주어진 수를 10배로 만듭니다. 빈칸에 알맞은 수를 써넣으시오.

0.605 — (×10) → 6.05

❶ [ ] — (×10) → 20.74

❷ [ ] — (×10) → 53.51

❸ [ ] — (×10) → 23.29

❹ [ ] — (×10) → [ ] — (×10) → [ ] — (×10) → 8635

❺ [ ] — (×10) — (×10) → [ ] — (×10) → 1019

❻ [ ] — (×10) → [ ] — (×10) — (×10) → 7587

711 소수 수수께끼

◐ 왼쪽 소수를 보고 옳은 것에 ○표 하시오.

3.763	• 소수 (두 , 세)자리 수입니다. • 일의 자리 숫자와 소수 (둘째 , 셋째) 자리 숫자가 같습니다. • (3 , 4)보다 크고 (3 , 4)보다 작습니다. • 소수 첫째 자리 숫자는 (7 , 6)입니다.

❶

2.75	• 소수 첫째 자리 숫자는 소수 둘째 자리 숫자보다 (2 , 3)큽니다. • 소수 (두 , 세)자리 수입니다. • 소수 첫째 자리 숫자는 (5 , 7)입니다. • (2 , 3)보다 크고 (2 , 3)보다 작습니다.

❷

4.521	• 소수 둘째 자리 숫자는 (2 , 5)입니다. • (4 , 5)보다 크고 (4 , 5)보다 작습니다. • 소수 (두 , 세)자리 수입니다. • 일의 자리 숫자는 소수 (둘째 , 셋째) 자리 숫자보다 2 큽니다.

◆ 나는 얼마입니까?

5.32

- 소수 두 자리 수입니다.
- 5보다 크고 6보다 작습니다.
- 소수 첫째 자리 숫자는 3입니다.
- 소수 첫째 자리 숫자와 소수 둘째 자리 숫자를 더하면 일의 자리 숫자가 됩니다.

❶ (   )

- 소수 세 자리 수입니다.
- 소수 첫째 자리 숫자는 8입니다.
- 소수 둘째 자리 숫자는 소수 첫째 자리 숫자보다 2 작습니다.
- 7보다 크고 8보다 작습니다.
- 일의 자리 숫자와 소수 셋째 자리 숫자는 같습니다.

❷ (   )

- 소수 두 자리 수입니다.
- 소수 둘째 자리 숫자는 4입니다.
- 6보다 크고 7보다 작습니다.
- 일의 자리 숫자와 소수 첫째 자리 숫자의 차는 4입니다.

❸ (   )

- 소수 세 자리 수입니다.
- 소수 둘째 자리 수는 0.05이고 100배하면 일의 자리 수가 됩니다.
- 5보다 크고 6보다 작습니다.
- 소수 첫째 자리 숫자는 6이고, 소수 셋째 자리 숫자보다 2 작습니다.

712 화살표 규칙

◐ 화살표 규칙에 맞게 빈칸에 알맞은 수를 써넣으시오.

규칙

↑	10배	↓	$\frac{1}{10}$배
↑↑	100배	↓↓	$\frac{1}{100}$배
↑↑↑	1000배	↓↓↓	$\frac{1}{1000}$배

80.2
↑
8.02

❶ ☐ ↑ 5.163

❷ 2.83 ↓ ☐

❸ ☐ ↑↑ 7.716

❹ 2.65 ↓ ☐

❺ 43.1 ↓↓ ☐

❻ ☐ ↑↑ 3.67

❼ 6.31 ↓ ☐

❽ ☐ ↑ 5.867

❾ ☐ ↑↑↑ 8.427

❿ 603 ↓↓↓ ☐

⓫ ☐ ↑↑ 7.823

⓬ 2.5 ↓↓ ☐

⊕ 화살표 규칙에 맞게 빈칸에 알맞은 수를 써넣으시오.

예시:

121
↑
12.1
↓
1.21

❶ ☐ ↑ 1.75 ↓ ☐

❷ ☐ ↑ 1.46 ↓ ☐

❸ ☐ ↑ 8.6 ↓↓ ☐

❹ ☐ ↑↑ 9.56 ↓ ☐

❺ ☐ ↑ 3.2 ↓↓ ☐

❻ ☐ ↑↑ 91.7 ↓↓ ☐

❼ ☐ ↑↑ 41 ↓↓↓ ☐

❽ ☐ ↑↑↑ 1.93 ↓↓ ☐

❾ ☐ ↑↑ 2.34 ↓ ☐

❿ ☐ ↑ 50.1 ↓↓ ☐

⓫ ☐ ↑↑↑ 2.55 ↓ ☐

잘 공부했는지 알아봅시다

월 일

1 □ 안에 알맞은 수를 써넣으시오.

- 11.4의 $\frac{1}{10}$배는 □ 이고, $\frac{1}{100}$배는 □ 입니다.
- 0.347의 10배는 □ 이고, 100배는 □ 입니다.

2 0.07과 같은 수를 모두 찾아 ○표 하시오.

7의 $\frac{1}{100}$배	0.007의 100배
0.7의 10배	0.7의 $\frac{1}{10}$배

3 빈칸에 알맞은 수를 써넣으시오.

❶ 0.785 → ×10 → □

❷ 0.473 → ×100 → □

❸ 1.315 → ×10 → □ → ×10 ×10 → □

3 소수의 크기 비교

713 부등호

714 가장 큰 수
가장 작은 수

715 소수 사다리

716 네모 대소

713 부등호

◐ ○ 안에 >, =, <를 알맞게 써넣으시오.

0.48	(<)	0.5
	(<)	

❶ 2.42 ○ 2.418

❷ 0.62 ○ 0.34

❸ 3.12 ○ 3.176

❹ 6.33 ○ 6.327

❺ 0.76 ○ 0.75

❻ 0.51 ○ 0.543

❼ 8.79 ○ 8.241

❽ 2.8 ○ 2.72

❾ 5.95 ○ 5.961

크기를 비교하여 ○ 안에 >, =, <를 알맞게 써넣으시오.

0.325	(>)	0.31	❶	4.05	○	4.064
❷ 0.85	○	0.574	❸	2.14	○	2.164
❹ 3.852	○	3.856	❺	4.85	○	4.287
❻ 5.8	○	5.915	❼	0.65	○	0.789
❽ 1.76	○	1.26	❾	6.265	○	6.02
❿ 0.462	○	0.409	⓫	7.101	○	7.077
⓬ 4.69	○	4.797	⓭	6.247	○	6.3

714 가장 큰 수 가장 작은 수

◐ 가장 큰 수를 ☐ 안에, 가장 작은 수를 ☐ 안에 써넣으시오.

(보기)

가장 큰 수: 42.71

2.714 42.71
2.7
4.271 3.204

가장 작은 수: 2.7

❶

3.33 1.046
8.1
4.946 0.91

❷

1.395 6.994
5.4
7.94 4.14

❸

3.938 7.52
2.6
7.22 2.163

❹

6.471 5.75
6.9
2.65 8.129

❺

4.234 3.451
7.78
3.88 4.997

◆ 큰 수부터 차례로 쓰시오.

1.72 10.3 1.719 1.7	10.3	1.72	1.719	1.7

❶

1.783 1.19 1.3 2.49				

❷

3.35 3.788 3.7 2.75				

❸

2.456 2.49 9.07 2.8				

❹

5.23 4.51 2.34 3.3				

715 소수 사다리

◐ 수를 한 번씩 모두 사용하여 소수 두 자리 수를 만들고, 작은 수를 밑에서부터 차례로 써넣으시오.

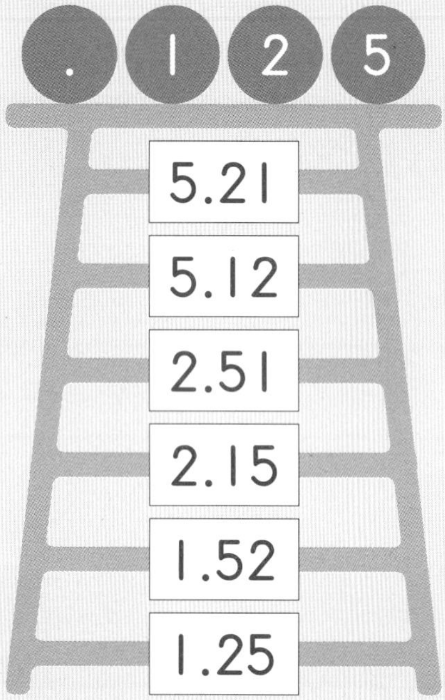

❶

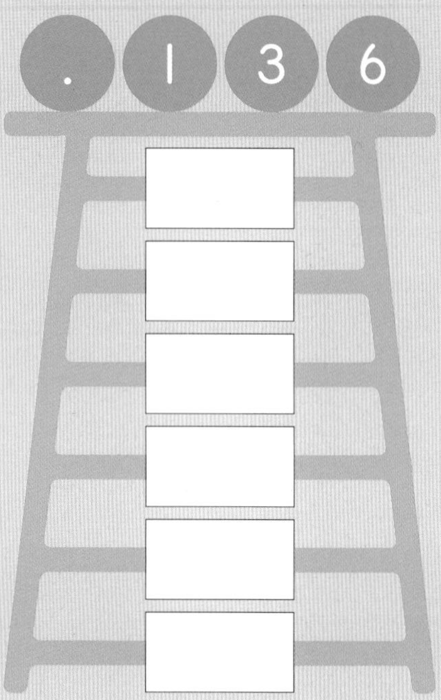

❷

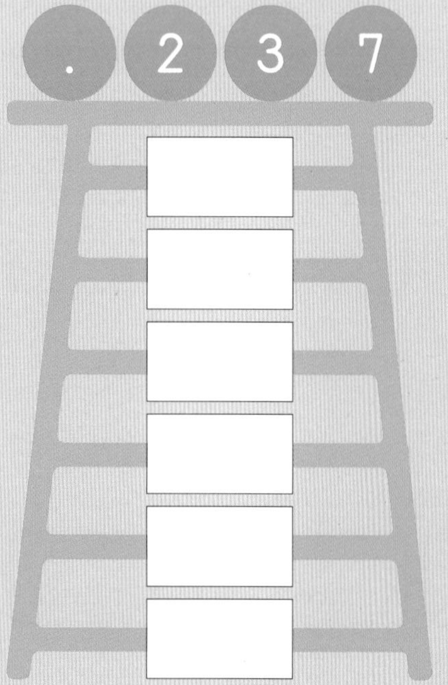

❸

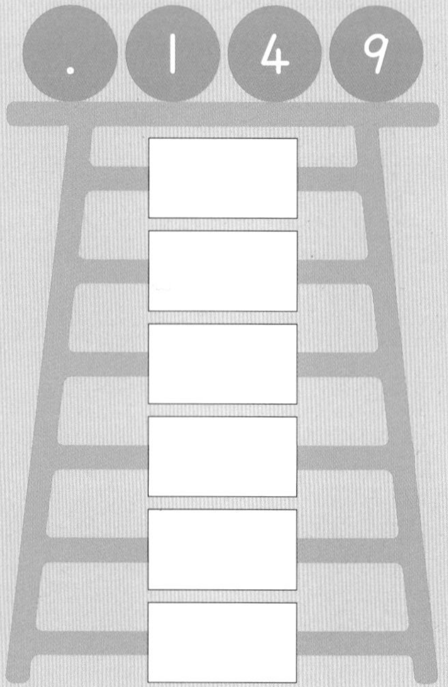

✚ 수를 한 번씩 모두 사용하여 1보다 작은 소수 세 자리 수를 만들고, 작은 수를 밑에서부터 차례로 써넣으시오.

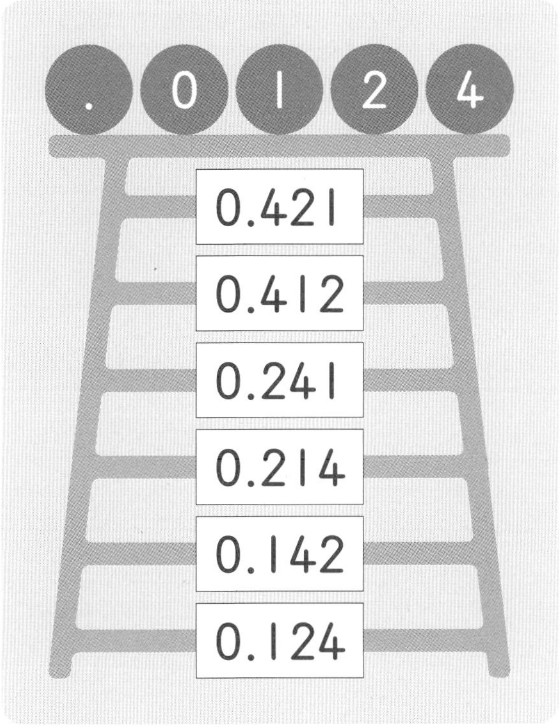

❶
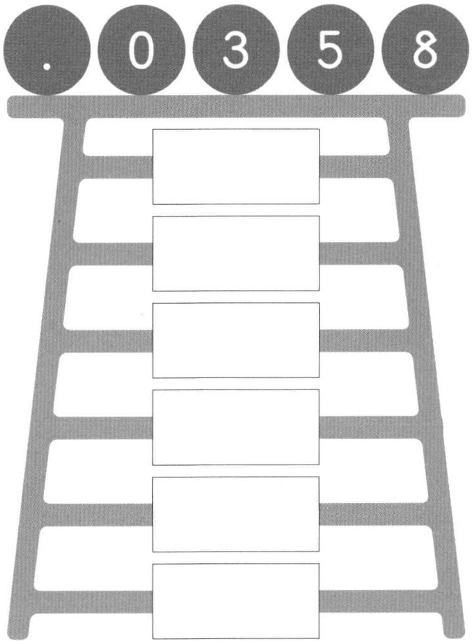

❷
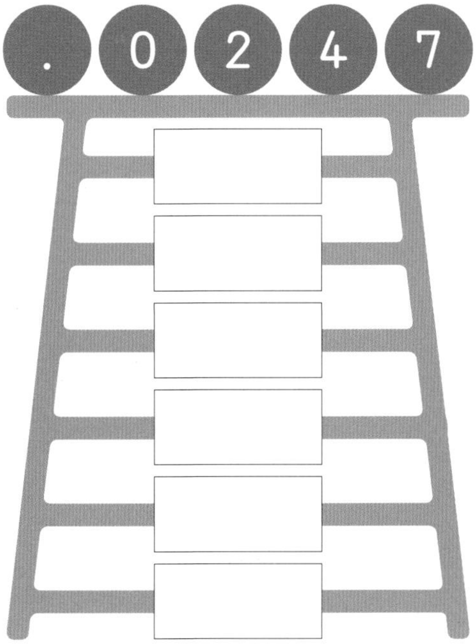

❸
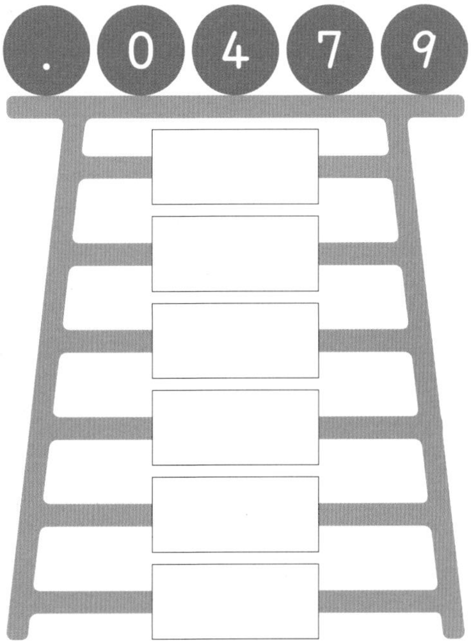

716 네모 대소

◐ □ 안에 들어갈 수 있는 수에 모두 ○표 하시오.

$3.2 > 3.\square 2$

⓪ ① 2 3

❶ $3.0\square 4 > 3.05$

3 4 5 6

❷ $4.729 < 4.\square 29$

6 7 8 9

❸ $0.67 > 0.6\square$

5 6 7 8

❹ $4.6 < 4.\square 5$

4 5 6 7

❺ $4.1\square 9 < 4.157$

3 4 5 6

❻ $\square.78 > 5.43$

3 4 5 6

❼ $6.\square 8 > 6.592$

4 5 6 7

❽ $5.9\square 4 < 5.971$

5 6 7 8

❾ $\square.573 > 3.47$

1 2 3 4

◆ □ 안에 들어갈 수 있는 가장 큰 수를 쓰시오.

5.83 > 5.8[2]1

❶ 8.828 > 8.8□4

❷ 4.□5 < 4.643

❸ □.387 < 4.39

❹ 3.715 > 3.□29

❺ 9.021 > 9.0□

◆ □ 안에 들어갈 수 있는 가장 작은 수를 쓰시오.

2.[6]02 > 2.56

❻ □.697 > 5.72

❼ 5.45 < 5.□7

❽ 3.8 < □.824

❾ 0.6□7 > 0.645

❿ 11.2□ > 11.245

⓫ 7.31 < 7.□2

⓬ 5.333 < 5.3□3

잘 공부했는지 알아봅시다

월 일

1 3.27과 3.36을 수직선에 나타내고 크기를 비교하시오.

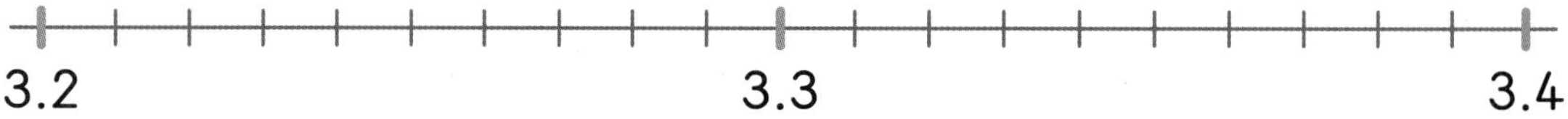

3.27 ◯ 3.36

2 작은 수부터 차례로 쓰시오.

3.54 3.5 3.542 3.53

3 카드를 한 번씩 모두 사용하여 1보다 작은 소수 세 자리 수를 만들려고 합니다. 만들 수 있는 가장 큰 수와 가장 작은 수를 구하시오.

.	0	3	6	7

4 자릿수가 같은 소수 덧셈

717 자릿수가 같은 소수 덧셈

◐ □ 안에 알맞은 수를 써넣으시오.

$$\begin{array}{r} 3.72 \\ +\ 0.56 \\ \hline \end{array}$$ → 3.72는 0.01이 [372]개 / +0.56은 0.01이 [56]개 / 0.01이 [428]개 → $$\begin{array}{r} 3.72 \\ +\ 0.56 \\ \hline 4.28 \end{array}$$

❶ $$\begin{array}{r} 2.3 \\ +\ 0.5 \\ \hline \end{array}$$ → 2.3은 0.1이 □개 / +0.5는 0.1이 □개 / 0.1이 □개 → $$\begin{array}{r} 2.3 \\ +\ 0.5 \\ \hline \square \end{array}$$

❷ $$\begin{array}{r} 2.74 \\ +\ 5.45 \\ \hline \end{array}$$ → 2.74는 0.01이 □개 / +5.45는 0.01이 □개 / 0.01이 □개 → $$\begin{array}{r} 2.74 \\ +\ 5.45 \\ \hline \square \end{array}$$

❸ $$\begin{array}{r} 7.8 \\ +\ 3.4 \\ \hline \end{array}$$ → 7.8은 0.1이 □개 / +3.4는 0.1이 □개 / 0.1이 □개 → $$\begin{array}{r} 7.8 \\ +\ 3.4 \\ \hline \square \end{array}$$

⊕ 세로셈으로 고쳐 계산을 하시오.

$2.95+0.31=$ 3.26

$$\begin{array}{r} 2.95 \\ +\,0.31 \\ \hline 3.26 \end{array}$$

❶ $3.6+0.8=$ ☐

❷ $4.44+6.86=$ ☐

❸ $1.6+4.9=$ ☐

❹ $8.55+1.65=$ ☐

❺ $9.6+5.8=$ ☐

718 성문 막기

◐ 관계있는 것끼리 선으로 이으시오.

+0.7

0.5	2.4
1.7	13.9
13.2	1.2

❶ **+0.21**

1.02	1.23
0.12	0.33
2.01	2.22

❷ **+0.3**

0.2	3.5
4.3	0.5
3.2	4.6

❸ **+0.41**

3.08	1.6
2.71	3.12
1.19	3.49

❹ **+0.35**

3.13	3.48
2.43	5.76
5.41	2.78

❺ **+0.6**

1.6	2.2
0.9	1.5
9.1	9.7

빈칸에 알맞은 수를 써넣고, 나머지 선 두 개를 알맞게 이으시오.

+ 0.04

0.24	2.08
2.04	0.28
0.42	0.46

❶ + ☐

1.6	1.5
0.4	2.7
10.3	11.4

❷ + ☐

5.97	6.93
1.75	1.77
6.91	5.99

❸ + ☐

1.49	1.8
3.28	4.08
3.77	3.59

❹ + ☐

0.88	3.88
3.11	1.02
3.74	3.25

❺ + ☐

4.2	11.2
9.7	6.8
5.3	5.7

719 부등호 덧셈

◐ □ 안에 들어갈 수 있는 수에 ○표 하시오.

$5.4+3.\square > 9.1$

6 7 (8) (9)

❶ $4.35+2.\square 2 < 6.67$

1 2 3 4

❷ $0.8+2.\square < 3.1$

1 2 3 4

❸ $7.\square 8+4.13 > 11.61$

3 4 5 6

❹ $8.9+0.\square > 9.5$

5 6 7 8

❺ $2.82+1.45 < \square.29$

2 3 4 5

❻ $\square.7+3.1 < 9.8$

4 5 6 7

❼ $4.\square 9+0.84 < 5.33$

2 3 4 5

❽ $2.2+5.3 > 7.\square$

3 4 5 6

❾ $2.21+7.\square 5 < 10.06$

6 7 8 9

월 일

□ 안에 들어갈 수 있는 수를 모두 쓰시오.

$7.2 < 2.8 + 4.\square < 7.5$ 5 6

❶ $9.6 < 3.\square + 6.3 < 9.9$

❷ $6.7 < 4.6 + \square.1 < 9.7$

❸ $9.3 < 3.2 + 6.\square < 9.6$

❹ $6.6 < 0.94 + \square.66 < 8.9$

❺ $9.81 < 8.\square 7 + 1.74 < 10.11$

❻ $4.31 < 1.23 + 3.0\square < 4.33$

720 숫자 카드 덧셈

◐ 카드를 한 번씩 모두 사용하여 만든 1보다 작은 소수 두 자리 수의 합을 구하는 식과 답을 쓰시오.

.	0	2	5

식 : 0.25+0.52=0.77

답 : 0.77

❶

.	0	7	8

식 :

답 :

❷

.	0	3	7

식 :

답 :

❸

.	0	4	5

식 :

답 :

❹

.	0	6	8

식 :

답 :

❺

.	0	3	4

식 :

답 :

⊕ 카드를 한 번씩 모두 사용하여 만들 수 있는 소수 두 자리 수 중에서 가장 큰 수와 가장 작은 수의 합을 구하는 식과 답을 쓰시오.

3	6	7	.

식 : 7.63+3.67=11.3

답 : 11.3

❶

1	4	8	.

식 :

답 :

❷

3	5	6	.

식 :

답 :

❸

2	4	9	.

식 :

답 :

❹

1	5	8	.

식 :

답 :

❺

4	6	7	.

식 :

답 :

잘 공부했는지 알아봅시다

월 일

1 계산 결과가 같은 것끼리 선으로 이으시오.

0.71+0.46 •	• 0.6+2.5
2.3+0.8 •	• 3.18+1.12
1.24+3.06 •	• 0.94+0.23
2.7+4.4 •	• 5.2+1.9

2 가장 큰 소수와 가장 작은 소수의 합을 구하시오.

0.62　1.24　0.57　1.09

3 카드를 한 번씩 모두 사용하여 소수 두 자리 수를 만들려고 합니다. 만들 수 있는 가장 큰 수와 가장 작은 수의 합을 구하시오.

2　9　7　.

5 자릿수가 다른 소수 덧셈

721 잘못된 계산

◐ 계산이 바르게 된 것에 ○표 하시오.

$\begin{array}{r} 0.8\ 3 \\ +\ \ 0.7 \\ \hline 0.9\ 0 \end{array}$	$\begin{array}{r} 0.83 \\ +0.7\ \ \\ \hline 1.53 \end{array}$ (○)

❶

$\begin{array}{r} 2.03 \\ +3.\ \ 7 \\ \hline 5.10 \end{array}$	$\begin{array}{r} 2.03 \\ +3.7\ \ \\ \hline 5.73 \end{array}$

❷

$\begin{array}{r} 2.92 \\ +16.3\ \ \\ \hline 19.22 \end{array}$	$\begin{array}{r} 2.9\ 2 \\ +1\ 6.3 \\ \hline 4\ 5.5 \end{array}$

❸

$\begin{array}{r} 3.95 \\ +2.7\ \ \\ \hline 5.165 \end{array}$	$\begin{array}{r} 3.95 \\ +2.7\ \ \\ \hline 6.65 \end{array}$

❹

$\begin{array}{r} 4.04 \\ +3.08 \\ \hline 7.012 \end{array}$	$\begin{array}{r} 4.04 \\ +3.08 \\ \hline 7.12 \end{array}$

❺

$\begin{array}{r} 10.72 \\ +\ \ 2.014 \\ \hline 12.734 \end{array}$	$\begin{array}{r} 1\ 0.72 \\ +2.0\ 14 \\ \hline 1\ 2.86 \end{array}$

❻

$\begin{array}{r} 7.919 \\ +\ \ 9.42 \\ \hline 17.339 \end{array}$	$\begin{array}{r} 7.9\ 19 \\ +\ \ \ 9.42 \\ \hline 8.8\ 61 \end{array}$

❼

$\begin{array}{r} 2.67 \\ +8.1\ 23 \\ \hline 8.3\ 9 \end{array}$	$\begin{array}{r} 2.67 \\ +8.123 \\ \hline 10.793 \end{array}$

⊕ 계산이 잘못된 부분을 찾아 바르게 고치시오.

```
  7.24            7.24
+ 0. 8    →     + 0.8
-------         -------
  7.32            8.04
```

❶
```
   8.9
+ 4.6 2
-------
  5.5 1     →
```

❷
```
  1.7 4
+   2.9
-------
  2.0 3     →
```

❸
```
    7.9
+ 5.05 2
--------
  5.13 1    →
```

❹
```
  7.44
+ 1.9
------
  8.34      →
```

❺
```
  5.09
+ 1.03
-------
  6.012     →
```

❻
```
  6.32
+ 0.6
------
  6.38      →
```

❼
```
    4.03
+ 9.3 81
--------
 13.3 84    →
```

722 갈림길

◐ 계산에 맞게 선을 그리시오.

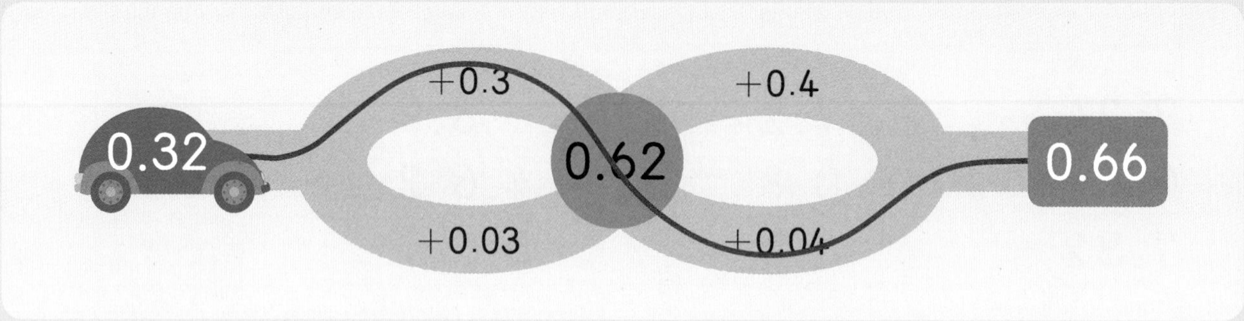

❶

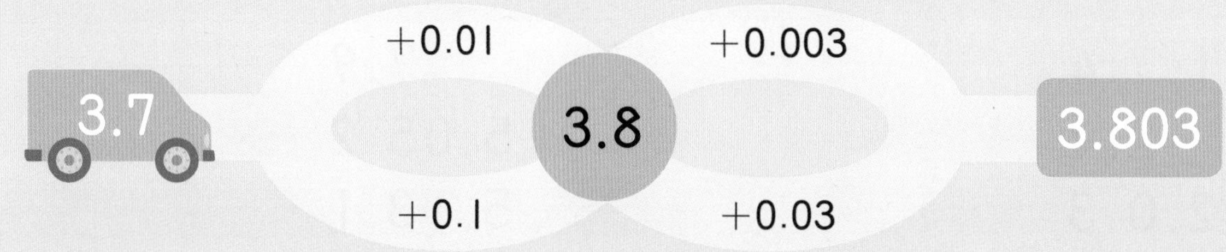

❷

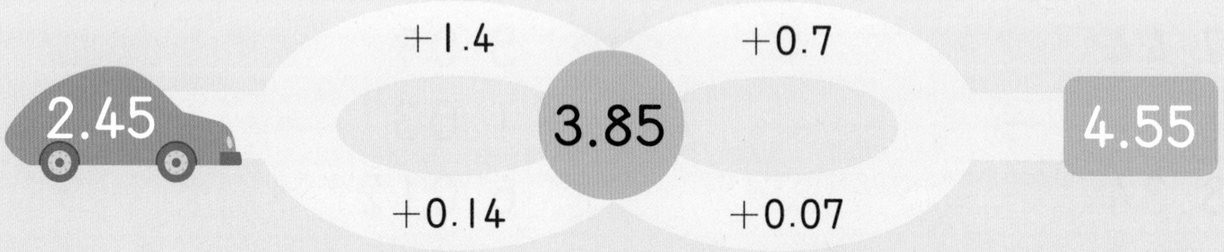

❸

월 일

빈칸에 알맞은 수를 써넣으시오.

	+0.27	+1.4
7.2	7.47	8.87

❶

	+0.5	+0.105
2.92		

❷

	+0.2	+0.35
1.78		

❸

	+1.74	+0.5
2.4		

❹

	+1.24	+2.9
7.41		

❺

	+0.9	+3.8
0.45		

❻

	+0.08	+1.271
8.5		

❼

	+5.6	+0.62
4.84		

❽

	+0.27	+0.16
1.03		

❾

	+0.7	+0.03
2.6		

723 소수 카드 어림하기

◐ 어림하여 식을 완성하시오. 수 카드 중 두 장을 사용합니다.

0.6	1.08	2.72

1.08 + 2.72 = 3.8

❶

0.72	6.02	12.5

☐ + ☐ = 13.22

❷

3.9	8.45	9.11

☐ + ☐ = 13.01

❸

0.63	3.312	1.08

☐ + ☐ = 3.942

❹

2.4	2.36	1.25

☐ + ☐ = 3.61

❺

2.716	6.3	5.28

☐ + ☐ = 7.996

❻

4.61	3.62	2.84

☐ + ☐ = 6.46

❼

8.19	5.061	8.66

☐ + ☐ = 13.251

⊕ 수 카드 중 세 장을 사용하여 식을 완성하시오.

3.72	7.21	0.4
0.6	7.61	

7.21 + 0.4 = 7.61

❶

5.74	1.24	0.27
2.7	3.94	

□ + □ = □

❷

11.38	12.38	3.4
7.98	2.4	

□ + □ = □

❸

1.28	10.54	6.4
8.04	2.5	

□ + □ = □

❹

5.124	3.6	1.34
2.64	6.24	

□ + □ = □

❺

6.2	9.613	3.423
6.19	3.94	

□ + □ = □

벌레 먹은 셈

◐ □ 안에 알맞은 수를 써넣으시오.

(보기)

	5.[2]3
+	3.4[8]2
	[8].71[2]

❶

	9.□
+	□.8□2
	□4.04□

❷

	□0.4□2
+	4.□
	1□.17□

❸

	6.19
+	□.9□
	□2.□2

❹

	4.3□
+	2.□1□
	□.145

❺

	5.77□
+	□.9□8
	□1.□61

❻

	8.63□
+	□.□8
	□0.2□3

❼

	□.161
+	6.□5□
	8.2□9

◆ □ 안에 알맞은 수를 써넣으시오.

2.7[1]4+3.[4]=6.11[4]

❶ □.24+3.□=9.0□

❷ 9.1□+□.3=11.□3

❸ 1.818+□.1□=2.94□

❹ □.4+0.90□=2.3□5

❺ 5.□7+1.6□1=7.11□

❻ 6.□+0.7□7=□.397

❼ □.01+1.00□=3.□14

❽ 3.71□+0.□5=4.1□4

잘 공부했는지 알아봅시다

월 일

1 수 카드 중 세 장을 사용하여 덧셈식을 완성하시오.

0.74	0.45	1.091	0.351	1.081

□ + □ = □

2 가장 큰 소수와 가장 작은 소수의 합을 구하시오.

❶ 0.62 1.24 0.57 1.09

❷ 3.872 3.5 3.13 0.07

3 □ 안에 알맞은 수를 써넣으시오.

❶

$$\begin{array}{r} 6.70\square \\ +\ \square.\square5 \\ \hline \square2.1\square6 \end{array}$$

❷

$$\begin{array}{r} \square.2 \\ +\ 7.\square4\square \\ \hline 8.0\square1 \end{array}$$

6 자릿수가 같은 소수 뺄셈

725 자릿수가 같은 소수 뺄셈

◐ □ 안에 알맞은 수를 써넣으시오.

$$\begin{array}{r} 6.41 \\ -\ 1.29 \\ \hline \end{array} \rightarrow \begin{array}{r} 6.41\text{은 } 0.01\text{이 } \boxed{641}\text{ 개} \\ -\ 1.29\text{는 } 0.01\text{이 } \boxed{129}\text{ 개} \\ \hline 0.01\text{이 } \boxed{512}\text{ 개} \end{array} \rightarrow \begin{array}{r} 6.41 \\ -\ 1.29 \\ \hline \boxed{5.12} \end{array}$$

❶

$$\begin{array}{r} 2.3 \\ -\ 0.6 \\ \hline \end{array} \rightarrow \begin{array}{r} 2.3\text{은 } 0.1\text{이 } \square\text{ 개} \\ -\ 0.6\text{은 } 0.1\text{이 } \square\text{ 개} \\ \hline 0.1\text{이 } \square\text{ 개} \end{array} \rightarrow \begin{array}{r} 2.3 \\ -\ 0.6 \\ \hline \square \end{array}$$

❷

$$\begin{array}{r} 7.46 \\ -\ 2.68 \\ \hline \end{array} \rightarrow \begin{array}{r} 7.46\text{은 } 0.01\text{이 } \square\text{ 개} \\ -\ 2.68\text{은 } 0.01\text{이 } \square\text{ 개} \\ \hline 0.01\text{이 } \square\text{ 개} \end{array} \rightarrow \begin{array}{r} 7.46 \\ -\ 2.68 \\ \hline \square \end{array}$$

❸

$$\begin{array}{r} 4.1 \\ -\ 0.5 \\ \hline \end{array} \rightarrow \begin{array}{r} 4.1\text{은 } 0.1\text{이 } \square\text{ 개} \\ -\ 0.5\text{는 } 0.1\text{이 } \square\text{ 개} \\ \hline 0.1\text{이 } \square\text{ 개} \end{array} \rightarrow \begin{array}{r} 4.1 \\ -\ 0.5 \\ \hline \square \end{array}$$

◆ 세로셈으로 고쳐 계산을 하시오.

$7.91-5.22=$ [2.69]

$$\begin{array}{r} 7.91 \\ -\,5.22 \\ \hline 2.69 \end{array}$$

❶ $2.89-0.46=$ ☐

❷ $9.23-0.27=$ ☐

❸ $7.4-2.6=$ ☐

❹ $5.22-1.76=$ ☐

❺ $5.5-3.8=$ ☐

726 신발끈

◐ 선으로 이어진 두 수의 차가 위의 수가 되도록 안의 수를 ⬭ 안에 써넣으시오.

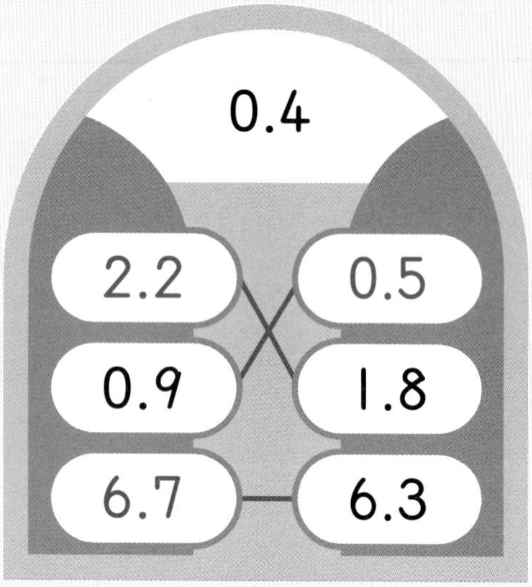

0.5 2.2 6.7

❶

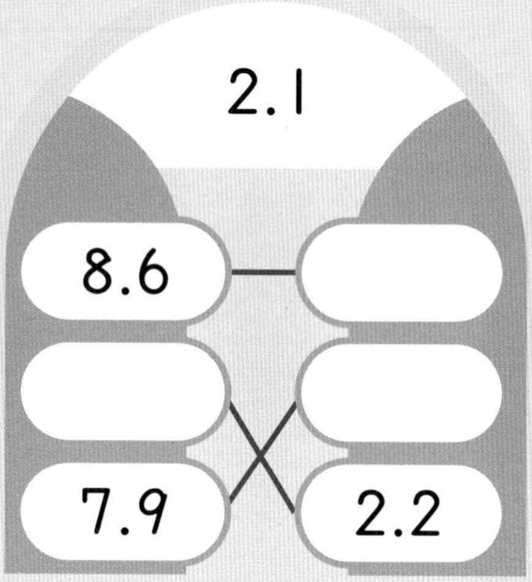

5.8 4.3 6.5

❷

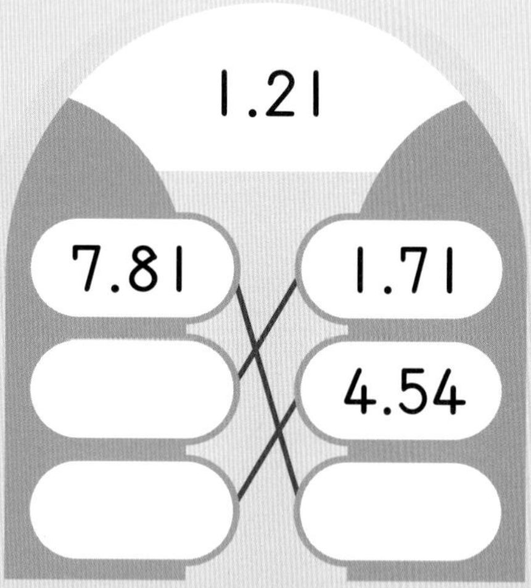

6.6 2.92 5.75

❸

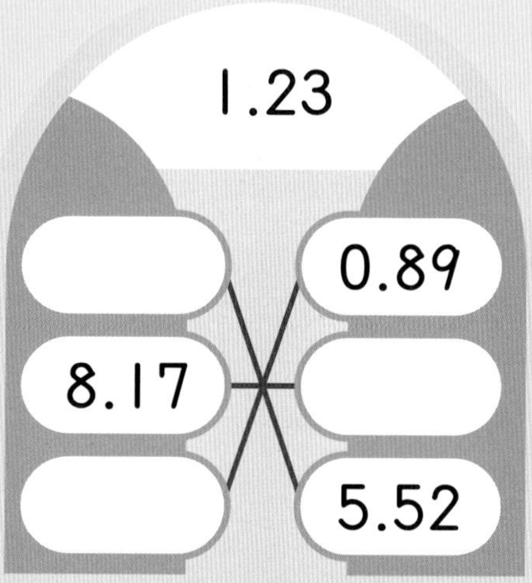

2.12 6.75 6.94

두 수의 차가 위의 수가 되도록 선을 이으시오.

0.8

2.3	7.9
6.5	5.7
8.7	1.1
1.9	1.5

❶ 1.23

1.83	0.6
7.51	4.01
5.24	6.28
4.91	3.68

❷ 1.03

2.67	5.21
6.24	1.64
5.06	2.29
3.32	4.03

❸ 1.5

5.8	2.7
7.3	6.6
4.2	4.3
8.1	5.8

727 부등호 뺄셈

◐ □ 안에 들어갈 수 있는 수에 모두 ○표 하시오.

$7.3-6.7 < 0.\square$

5 6 (7) (8) (9)

❶ $9.2-3.\square < 5.7$

4 5 6 7

❷ $8.\square 2-7.68 > 0.54$

1 2 3 4

❸ $8.4-1.5 < \square.9$

5 6 7 8

❹ $5.33-4.\square 7 > 1.06$

0 1 2 3

❺ $5.03-2.9\square < 2.06$

6 7 8 9

❻ $\square.4-3.8 > 1.6$

4 5 6 7

❼ $7.2-2.\square < 4.8$

3 4 5 6

❽ $3.3\square-2.88 < 0.45$

1 2 3 4

❾ $9.36-4.69 > 4.\square 7$

4 5 6 7

◆ □ 안에 들어갈 수 있는 수를 모두 쓰시오.

$4.5-1.2 < 3.\square < 7.6-3.8$ 4 5 6 7

❶ $6.7-2.1 < 4.\square < 8.2-3.3$ ______

❷ $7.93-5.51 < 2.\square 3 < 8.38-5.63$ ______

❸ $9.2-2.1 < 7.\square < 9.1-1.7$ ______

❹ $9.87-9.24 > 0.\square 3 > 3.23-2.91$ ______

❺ $7.62-1.67 > 5.\square 5 > 5.67-0.22$ ______

❻ $5.5-2.2 < 3.\square < 8.1-4.3$ ______

728 숫자 카드 뺄셈

◐ 카드를 한 번씩 모두 사용하여 만든 1보다 작은 소수 두 자리 수의 차를 구하는 식과 답을 쓰시오.

.	0	2	3

식 : 0.32−0.23=0.09

답 : 0.09

❶

.	0	6	8

식 :

답 :

❷

.	0	1	5

식 :

답 :

❸

.	0	4	7

식 :

답 :

❹

.	0	6	9

식 :

답 :

❺

.	0	3	8

식 :

답 :

⊕ 카드를 한 번씩 모두 사용하여 만들 수 있는 소수 두 자리 수 중에서 가장 큰 수와 가장 작은 수의 차를 구하는 식과 답을 쓰시오.

[.] [1] [5] [7]

식 : 7.51－1.57＝5.94

답 : 5.94

❶ [.] [4] [5] [8]

식 :

답 :

❷ [.] [1] [2] [9]

식 :

답 :

❸ [.] [3] [5] [6]

식 :

답 :

❹ [.] [2] [4] [7]

식 :

답 :

❺ [.] [2] [8] [9]

식 :

답 :

잘 공부했는지 알아봅시다

월 일

1 계산 결과가 같은 것끼리 선으로 이으시오.

8.77－7.16 •	• 4.6－0.7
6.3－2.4 •	• 5.3－0.7
8.7－4.1 •	• 4.44－3.59
3.61－2.76 •	• 9.63－8.02

2 □ 안에 들어갈 수 있는 수를 모두 쓰시오.

❶ $7.5-4.8 < \square.7 < 7.2-2.4$

❷ $4.09-2.51 < 1.\square 8 < 5.32-3.34$

3 카드를 한 번씩 모두 사용하여 소수 두 자리 수를 만들려고 합니다. 만들 수 있는 가장 큰 수와 두 번째로 큰 수의 차를 구하시오.

3 5 9 .

7 자릿수가 다른 소수 뺄셈

729 잘못된 계산

◐ 계산이 바르게 된 것에 ○표 하시오.

3.4 4	3.44
− 2.4	−2.4
3.2 0	1.04 (○)

❶

8.96	8.9 6
−8.5	− 8.5
0.46	8.1 1

❷

7.4	7.4
−2.06	−2.06
5.46	5.34

❸

5.2 3	5.23
− 1.3	−1.3
5.1 0	3.93

❹

2.39	2.39
−0. 4	−0.4
2.35	1.99

❺

9.58	9.58
−7.076	−7.076
2.504	2.516

❻

4.635	4.6 35
−3.18	−0.3.18
1.455	43.1 7

❼

8.18	8.18
−6.1	−6.1
2.0	2.08

⊕ 계산이 잘못된 곳을 찾아 바르게 고치시오.

$$\begin{array}{r} 9.8\ 2 \\ -\quad 8.7 \\ \hline 8.9\ 5 \end{array} \rightarrow \begin{array}{r} 9.82 \\ -8.7 \\ \hline 1.12 \end{array}$$

❶
$$\begin{array}{l} 5.13 \\ -3.1 \\ \hline 2.3 \end{array} \rightarrow$$

❷
$$\begin{array}{r} 3.7\ 6 \\ -\quad 2.4 \\ \hline 3.5\ 2 \end{array} \rightarrow$$

❸
$$\begin{array}{l} 6.39 \\ -1.\ 7 \\ \hline 5.32 \end{array} \rightarrow$$

❹
$$\begin{array}{r} 9.2\ 24 \\ -\quad 6.31 \\ \hline 8.5\ 93 \end{array} \rightarrow$$

❺
$$\begin{array}{r} 6.7\ 2 \\ -\quad 3.3 \\ \hline 6.3\ 9 \end{array} \rightarrow$$

❻
$$\begin{array}{l} 8.47 \\ -3.4 \\ \hline 5.\ 7 \end{array} \rightarrow$$

❼
$$\begin{array}{r} 7.5\ 43 \\ -\quad 4.26 \\ \hline 7.1\ 17 \end{array} \rightarrow$$

730 갈림길

◐ 계산에 맞게 선을 그으시오.

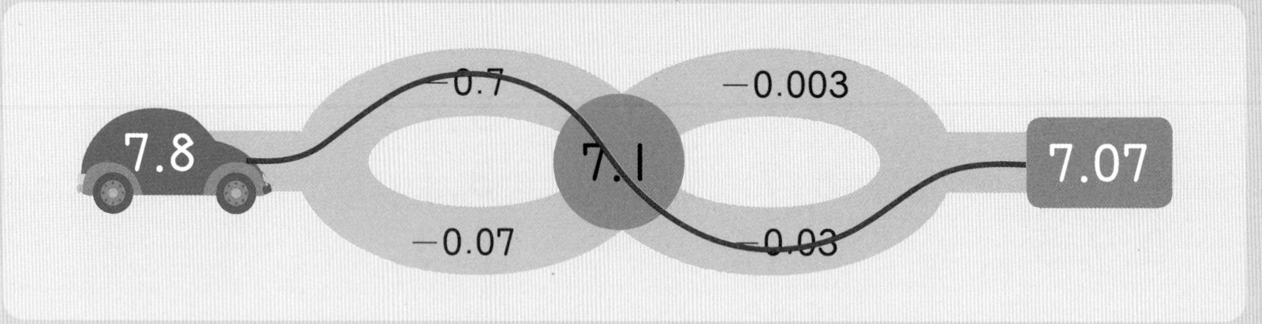

❶

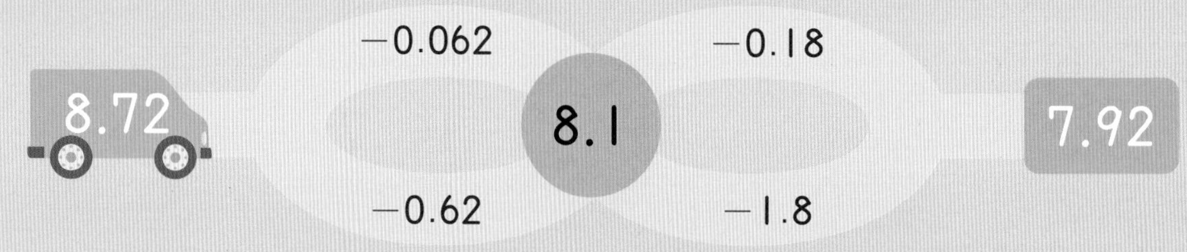

❷

❸

◆ 빈칸에 알맞은 수를 써넣으시오.

	−0.05	−1.2
4.4	4.35	3.15

❶

	−0.17	−0.6
5.3		

❷

	−0.6	−1.32
9.13		

❸

	−0.03	−0.003
8.77		

❹

	−0.08	−0.001
4.9		

❺

	−0.17	−0.8
5.92		

❻

	−0.05	−5.21
9.4		

❼

	−0.04	−6.2
8.6		

❽

	−3.2	−1.2
6.61		

❾

	−0.41	−1.5
7.15		

731 소수 어림하기

◐ 어림하여 두 수의 차가 (   ) 안의 수가 되는 두 수에 색칠하시오.

2.72	10.08
0.6	3.8

1.08

❶

3.1	6.88
5.12	5.34

3.78

❷

5.5	3.21
3.4	5.11

0.19

❸

2.8	6.11
7.7	0.14

7.56

❹

2.35	0.762
5.608	6.4

1.588

❺

1.66	0.8
9.282	8.89

8.482

월 일

◆ 안의 세 수를 사용하여 식을 완성하시오.

6.12 0.2
6.02
5.82 0.1

6.02 − 0.2 = 5.82

❶

6.84 1.8
0.007
7.64 5.84

□ − □ = □

❷

5.963 7.103
1.14
0.9 0.003

□ − □ = □

❸

1.5 2.5
0.2
6.39 8.89

□ − □ = □

벌레 먹은 셈

◐ □ 안에 알맞은 수를 써넣으시오.

(보기)

	5	.	[7]	8	
−	[3]	.	8	[2]	2
	[1]	.	9	5	[8]

❶

	1	.	□	
−	0	.	3	□
	□	.	2	3

❷

	□	3	.	5	2
−		4	.	□	
		□	.	7	□

❸

	4	.	1	□	4
−	□	.	6		
	1	.	□	8	□

❹

	7	.	6	2	□
−	2	.	2	□	
	□	.	□	4	1

❺

	□	0	.	3		
−		□	.	□	2	□
	1	8	.	1	□	5

❻

	□	.	1	
−	6	.	0	□
	3	.	□	7

❼

	7	.	7	2	□
−	0	.	□	3	
	□	.	7	□	3

□ 안에 알맞은 수를 써넣으시오.

6 .39−1.7 8 5=4. 6 05

❶ 3.□46−2.4□=1.26□

❷ □.65−1.2□8=3.□12

❸ 9.7□−5.042=4.□1□

❹ 10.43−6.□17=□.91□

❺ 3.□72−1.2□=□.422

❻ 6.85□−1.1□=5.□32

❼ □.75−0.□46=0.9□4

❽ 0.□4−0.1□2=0.68□

잘 공부했는지 알아봅시다

월 일

1 □ 안에 알맞은 수를 써넣으시오.

❶

$$\begin{array}{r} 5.14\square \\ -\ 1.9\square \\ \hline \square.\square 63 \end{array}$$

❷

$$\begin{array}{r} \square 3.2 \\ -\ \square.\square 2\square \\ \hline 26.8\square 4 \end{array}$$

2 빈칸에 알맞은 수를 써넣으시오.

❶ 8.136 →(−1.2)→ □ →(−0.006)→ □ →(−3.26)→ □ →(−0.27)→ □

❷ 6.78 →(−0.008)→ □ →(−3.3)→ □ →(−0.002)→ □ →(−1.47)→ □

3 □ 안에 들어갈 수 있는 수를 모두 쓰시오.

$$6.233-4.8 < 1.\square 22 < 7.246-5.46$$

8 소수의 계산

733 선잇기

◐ 알맞게 선을 이으시오.

	+		=		−		=	
3.2		0.7		1.74		0.5		4.3
2.67		1.24		3.37		1.04		3.07
0.5		1.6		4.8		0.3		0.7

❶

	−		=		+		=	
6.18		1.8		5.97		2.3		8.27
5.7		0.21		3.9		4.15		9.15
9.9		4.9		5		0.6		4.5

❷

	+		=		−		=	
2.1		1.3		9.228		0.9		9.008
7.928		4.5		5.38		0.22		3.65
0.05		3.28		4.55		1.72		3.66

◆ 알맞게 선을 이으시오.

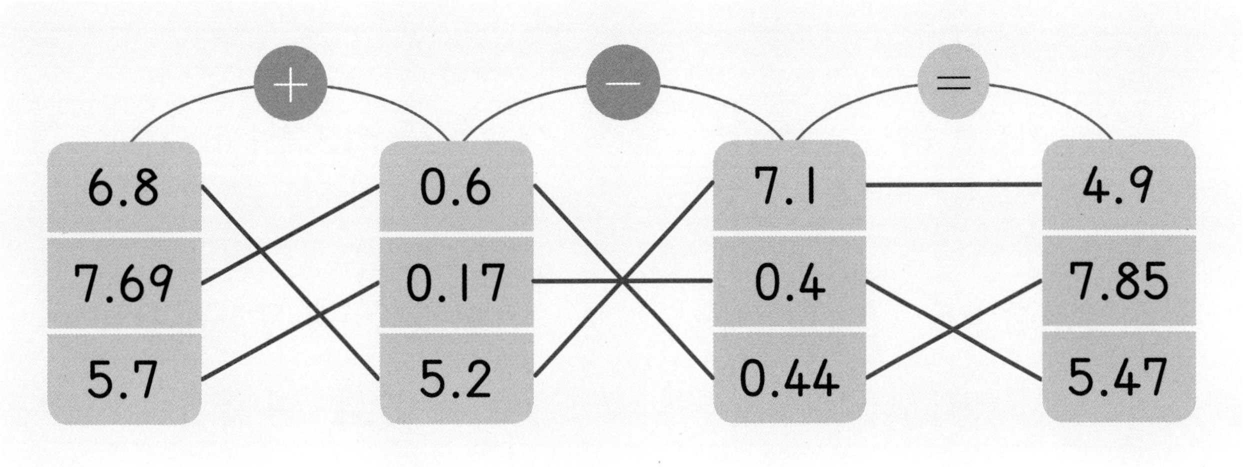

❶

	−		+		=	
9.74		0.3		2.8		7.43
8.15		0.75		0.03		3.51
1.01		5.1		0.4		5.04

❷

	+		−		=	
6.4		1.8		0.5		8.641
8.241		0.9		1.3		4.07
5.27		1.01		2.21		6.9

734 조건셈

◐ 다음을 구하시오.

조건

가장 큰 수와
두 번째로 작은 수의 합

1.7　0.25　6.04
3.2　0.86

6.04 + 0.86 = 6.9

❶ **조건**

가장 큰 수와
가장 작은 수의 합

8.25　9.7　4.51
0.8　1.28

☐ + ☐ = ☐

❷ **조건**

두 번째로 큰 수와
가장 작은 수의 합

7.5　4.482　5.4
4.12　2.75

☐ + ☐ = ☐

❸ **조건**

가장 큰 수와
가장 작은 수의 차

7.8　8.956　6.1
0.7　0.15

☐ − ☐ = ☐

⊕ 다음을 구하시오.

조건

가장 큰 수와 가장 작은 수의 합에서 나머지 수를 뺀 값

6.2 0.74 3.05

$6.2+0.74-3.05=3.89$

❶ **조건**

가장 큰 수와 가장 작은 수의 차에 나머지 수를 더한 값

9.67 6.1 4.9

❷ **조건**

가장 큰 수와 가장 작은 수의 합에서 나머지 수를 뺀 값

5.54 7.94 3.3

❸ **조건**

가장 큰 수와 두 번째로 큰 수의 합에 나머지 수를 더한 값

0.08 7.7 9.81

❹ **조건**

가장 큰 수와 가장 작은 수의 합에서 나머지 수를 뺀 값

0.007 1.4 3.72

735 단위셈

◐ 다음 수를 구하시오.

예시	❶	❷
0.001이 12 0.01이 21 0.1이 19 인 소수 세 자리 수	0.001이 9 0.01이 14 0.1이 7 인 소수 세 자리 수	0.001이 66 0.01이 98 0.1이 2 인 소수 세 자리 수
0.012 0.21 +1.9 2.122		

❸	❹	❺
0.001이 9 0.01이 241 0.1이 6 인 소수 세 자리 수	0.001이 58 0.01이 5 0.1이 46 인 소수 세 자리 수	0.001이 5 0.01이 815 0.1이 7 인 소수 세 자리 수

다음 두 수의 차를 구하시오.

• 0.1이 17개, 0.01이 24개인 수 • 0.01이 25개, 0.001이 81개인 수	$\begin{array}{r} 1.94 \\ -0.331 \\ \hline 1.609 \end{array}$

❶

• 0.1이 82개, 0.001이 167개인 수
• 0.1이 63개, 0.01이 36개인 수

❷

• 0.1이 72개, 0.01이 101개인 수
• 0.01이 53개, 0.001이 23개인 수

❸

• 0.1이 52개, 0.001이 2개인 수
• 0.1이 11개, 0.001이 110개인 수

736 소수 문장제

◐ 식과 답을 쓰시오.

아영이네 집에서 도서관까지의 거리는 2.12km이고, 도서관에서 학교까지의 거리는 0.89km입니다. 아영이가 집에서 출발하여 도서관에 들렀다가 학교에 가는 거리는 모두 몇 km입니까?

식 : 2.12+0.89=3.01 (km) 답 : 3.01 km

❶ 강아지의 무게는 3.4kg이고, 고양이의 무게는 1.98kg입니다. 강아지는 고양이보다 몇 kg 더 무겁습니까?

식 : ______ 답 : ______ kg

❷ 어머니는 정육점에서 소고기 0.567kg과 돼지고기 1.2kg을 사셨습니다. 어머니께서 산 소고기와 돼지고기는 모두 몇 kg입니까?

식 : ______ 답 : ______ kg

❸ 물이 2.3L 들어 있는 물통에 3.851L의 물을 더 넣었습니다. 물통에 있는 물은 모두 몇 L입니까?

식 : ______ 답 : ______ L

❹ 정희는 과수원에서 사과를 5.3kg 땄습니다. 2.34kg의 사과를 동생에게 주었다면 남은 사과는 몇 kg입니까?

식 : ______ 답 : ______ kg

◆ 식과 답을 쓰시오.

우유를 소정이는 0.23L, 명지는 0.31L 마셨습니다. 처음 우유가 1.2L 있었다면 남은 우유는 몇 L입니까?

식 : $1.2-0.23-0.31=0.66$(L) 답 : 0.66 L

❶ 사과와 귤이 담겨 있는 바구니의 무게는 8.2kg입니다. 사과 5.23kg을 꺼내고 귤 2.35kg을 넣었다면 바구니의 무게는 몇 kg입니까?

식 : ____________ 답 : ______ kg

❷ 지은이는 미술시간에 가지고 있던 리본 중에서 영지에게 3.2m, 지석이에게 2.12m를 주었습니다. 처음 가지고 있던 리본이 10.21m였다면 남은 리본은 몇 m입니까?

식 : ____________ 답 : ______ m

❸ 어떤 수에 6.78을 더해야 할 것을 잘못하여 뺐더니 2.345가 되었습니다. 어떤 수를 구하시오.

식 : ____________ 답 : ______

❹ 어떤 수에서 3.9을 빼야 할 것을 잘못하여 더했더니 8.57이 되었습니다. 어떤 수와 바르게 계산한 값을 구하시오.

식 : ____________

어떤 수 : ______ 바르게 계산한 답 : ______

잘 공부했는지 알아봅시다

월 일

1 알맞게 선을 이으시오.

	+		−		=	
3.4		2.8		0.5		4.541
2.241		0.92		1.3		2.22
0.35		4.07		2.2		3.02

2 은정이는 감자 **5.24**kg 중 **1.89**kg을 카레를 만드는데 사용하였습니다. 남은 감자는 몇 kg입니까?

3 어떤 수에서 **0.386**을 빼야할 것을 잘못하여 더했더니 **5.34**가 되었습니다. 바르게 계산한 값을 구하시오.

4 석훈이는 물통에 들어 있는 물 **5.24**L 중 **3.89**L를 사용하고 **2.5**L를 다시 넣어 놓았습니다. 물통에 들어 있는 물은 모두 몇 L입니까?

MEMO

MEMO

사고셈

정답 및 해설
Guide Book

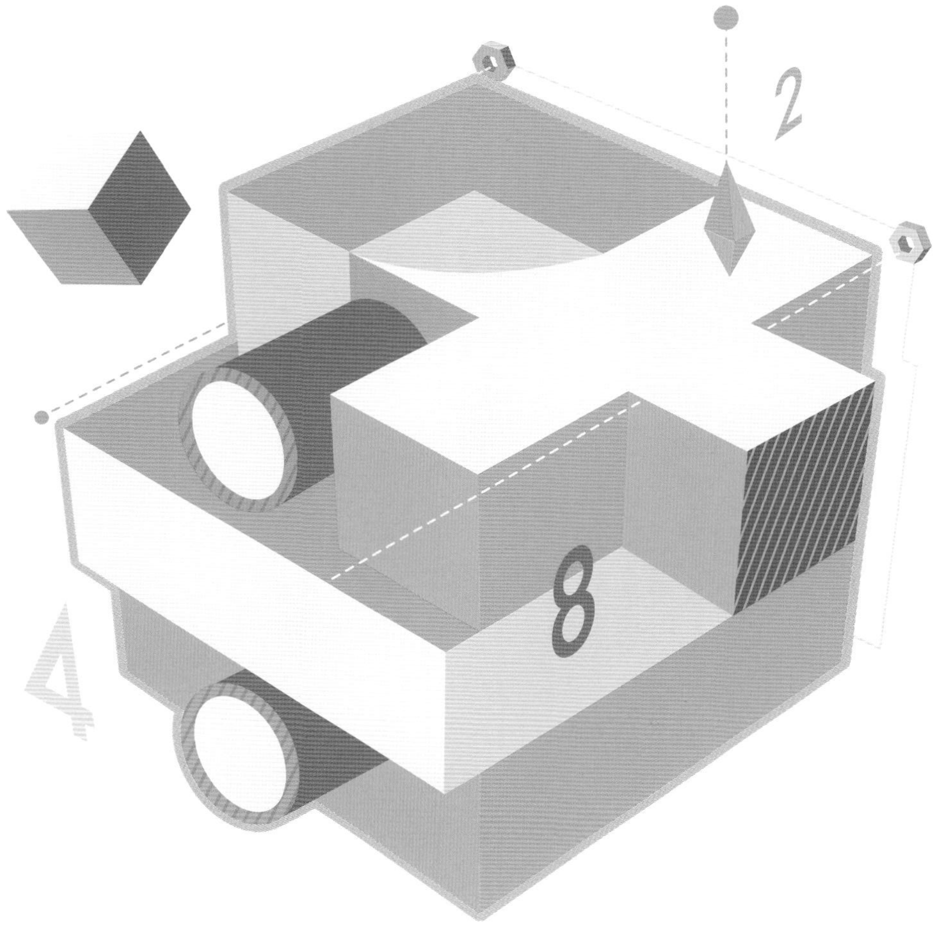

초등4 3호

소수의 덧셈과 뺄셈

NE 능률

705 선잇기

◐ 바른 것에 ○표 하시오.

분수 $\frac{1}{100}$을 소수로 ((0.01) , 010)이라 씁니다.

❶ 0.24는 ((0.01) , 0.1)이 24개입니다.

❷ 2.63은 (이점 육십삼 , (이점 육삼))이라 읽습니다.

❸ 0.01이 45개인 소수는 (4.5 , (0.45))입니다.

❹ 3.2와 3.20은 서로 ((같은) , 다른) 수입니다.

❺ 3.72에서 2는 소수 (첫째 , (둘째))자리 숫자입니다.

❻ 1.64에서 4는 (0.4 , (0.04))를 나타냅니다.

❼ 0.25는 (영점 오이, (영점 이오))라고 읽습니다.

❽ $\frac{29}{100}$를 소수로 나타내면 (2.9 , (0.29))입니다.

❾ $\frac{1}{100}$이 30개이면 ((0.3) , 0.03)입니다.

전체를 똑같이 100으로 나눈 것 중의 1을 분수로 $\frac{1}{100}$이라고 씁니다. 분수 $\frac{1}{100}$을 소수로 0.01이라 쓰고, 영점 영일이라고 읽습니다. 2와 2.0은 같은 수입니다. 소수는 필요할 경우 오른쪽 끝자리에 0을 붙여 나타낼 수 있습니다. 2.0은 이점 영이라고 읽습니다.

◑ 관계있는 것끼리 선으로 이으시오.

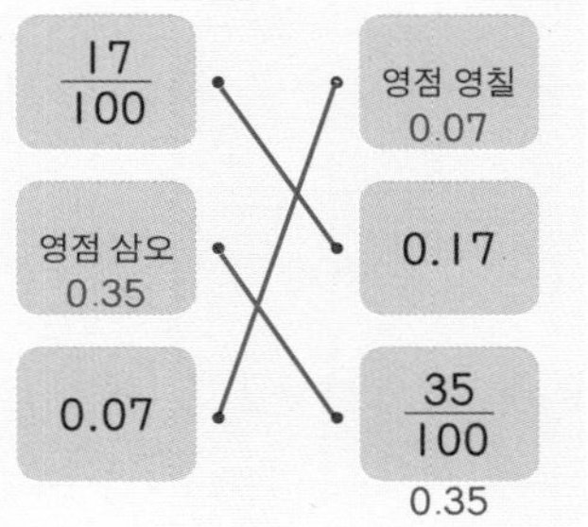

❶
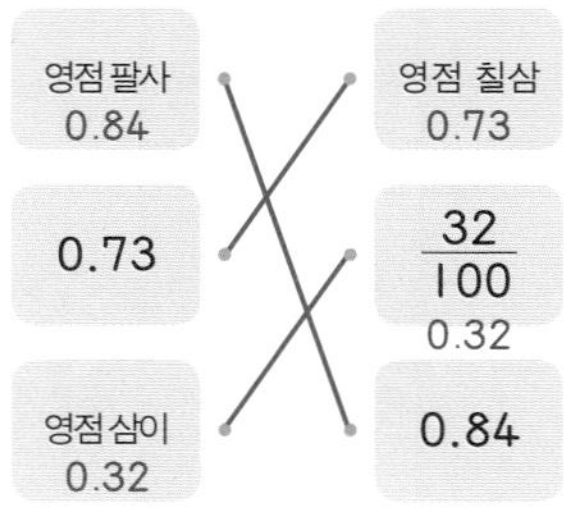

❷
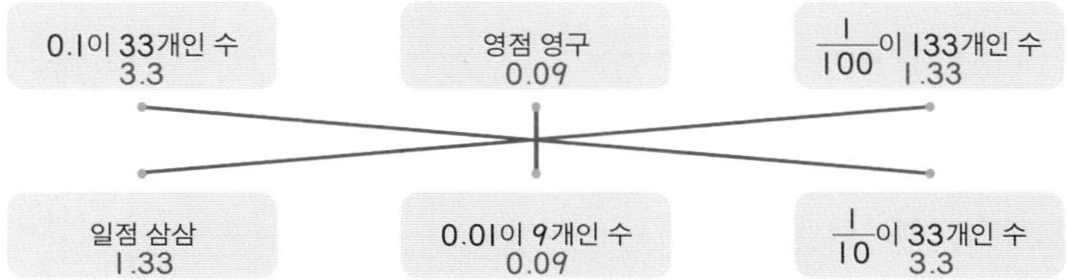

❸
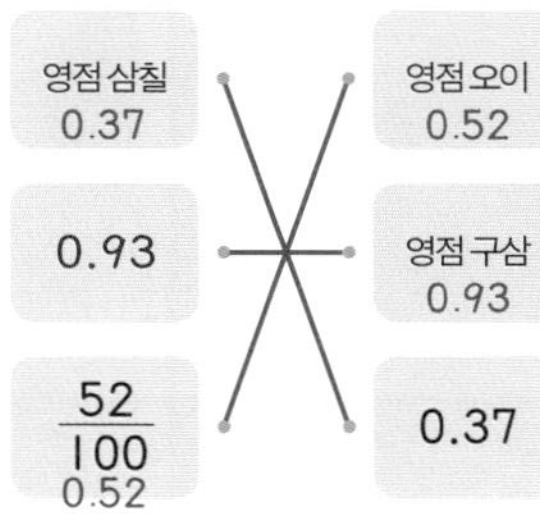

❹
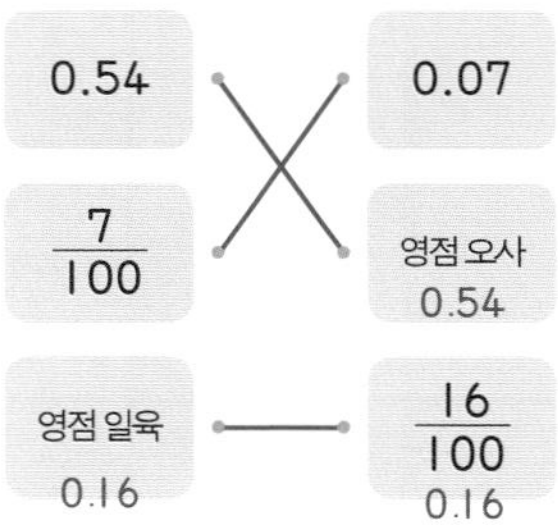

706 자릿수

월 일

◐ 소수를 보고 빈칸에 알맞은 수를 써넣으시오.

7.582		
자리	숫자	나타내는 수
일의 자리	7	7
소수 첫째 자리	5	0.5
소수 둘째 자리	8	0.08
소수 셋째 자리	2	0.002

❶

3.615		
자리	숫자	나타내는 수
일의 자리	3	3
소수 첫째 자리	6	0.6
소수 둘째 자리	1	0.01
소수 셋째 자리	5	0.005

❷

8.461		
자리	숫자	나타내는 수
일의 자리	8	8
소수 첫째 자리	4	0.4
소수 둘째 자리	6	0.06
소수 셋째 자리	1	0.001

❸

2.171		
자리	숫자	나타내는 수
일의 자리	2	2
소수 첫째 자리	1	0.1
소수 둘째 자리	7	0.07
소수 셋째 자리	1	0.001

같은 숫자도 자리에 따라 나타내는 수가 다릅니다. 3.333에서 일의 자리에 있는 3은 3을 나타내고, 소수 첫째 자리에 있는 3은 0.3, 소수 둘째 자리에 있는 3은 0.03, 소수 셋째 자리에 있는 3은 0.003을 나타냅니다.

◑ ◖안의 숫자가 나타내는 수를 빈칸에 써넣으시오.

5.142에서 5는 일의 자리에 있으므로 5를 나타냅니다.
7.056에서 5는 소수 둘째 자리에 있으므로 0.05를 나타냅니다.

5

5.142	7.056	0.524	3.075
5	0.05	0.5	0.005

0.524에서 5는 소수 첫째 자리에 있으므로 0.5를 나타냅니다.
3.075에서 5는 소수 셋째 자리에 있으므로 0.005를 나타냅니다.

❶ 7

7.639	8.171	5.137	3.748
7	0.07	0.007	0.7

❷ 8

2.648	3.825	8.226	3.983
0.008	0.8	8	0.08

❸ 3

9.673	6.437	7.381	3.702
0.003	0.03	0.3	3

수직선 소수

◐ 수직선에서 화살표로 나타낸 소수를 빈칸에 써넣으시오.

(예) 0.5 — 0.6: 0.52, 0.56
0.5와 0.6 사이가 10칸으로 나누어져 있으므로 작은 한 칸의 크기는 0.01 입니다.

❶ 1.4 — 1.5: 1.43, 1.47
1.4와 1.5 사이가 10칸으로 나누어져 있으므로 작은 한 칸의 크기는 0.01 입니다.

❷ 0.2 — 0.3: 0.23, 0.27

❸ 1.6 — 1.7: 1.64, 1.68

❹ 0.6 — 0.7: 0.62, 0.68

❺ 2.2 — 2.3: 2.22, 2.27

❻ 0.3 — 0.4: 0.33, 0.36

❼ 1.7 — 1.8: 1.75, 1.78

❽ 0.5 — 0.6: 0.52, 0.57

❾ 3.5 — 3.6: 3.52, 3.56

❿ 0.8 — 0.9: 0.85, 0.88

⓫ 4.1 — 4.2: 4.13, 4.18

◑ 수직선에서 화살표로 나타낸 소수를 빈칸에 써넣으시오.

(예) 0.05 — 0.06: 0.051, 0.057
0.05와 0.06 사이가 10칸으로 나누어져 있으므로 작은 한 칸의 크기는 0.001 입니다.

❶ 1.32 — 1.33: 1.326, 1.328
1.32와 1.33 사이가 10칸으로 나누어져 있으므로 작은 한 칸의 크기는 0.001 입니다.

❷ 0.03 — 0.04: 0.034, 0.037

❸ 1.44 — 1.45: 1.445, 1.449

❹ 0.02 — 0.03: 0.022, 0.025

❺ 2.73 — 2.74: 2.733, 2.737

❻ 0.06 — 0.07: 0.061, 0.066

❼ 4.56 — 4.57: 4.562, 4.566

❽ 0.04 — 0.05: 0.043, 0.048

❾ 3.92 — 3.93: 3.921, 3.926

708 소수 뛰어 세기

◐ 안의 수만큼 뛰어 빈칸에 알맞은 수를 써넣으시오.

0.02

2.4	2.42	2.44	2.46	2.48	2.5

❶ 0.001

3.125	3.126	3.127	3.128	3.129	3.13

❷ 0.05

2.64	2.69	2.74	2.79	2.84	2.89

❸ 0.002

7.781	7.783	7.785	7.787	7.789	7.791

❹ 0.01

5.15	5.16	5.17	5.18	5.19	5.2

월 일

◈ 뛰어 세는 규칙을 찾아 빈칸에 알맞은 수를 써넣으시오.

뛰어 세는 규칙을 찾을 때는 어느 자리의 숫자가 몇 씩 커지거나, 작아지는지 알아봅니다.

0.02

1.31	1.33	1.35	1.37	1.39	1.41

소수 둘째 자리의 숫자가 2씩 커지므로 0.02씩 뛰어 세는 규칙입니다.

❶ 0.001

1.594	1.595	1.596	1.597	1.598	1.599

소수 셋째 자리의 숫자가 1씩 커지므로 0.01씩 뛰어 세는 규칙입니다.

❷ 0.2

6.27	6.47	6.67	6.87	7.07	7.27

❸ 0.002

3.288	3.29	3.292	3.294	3.296	3.298

❹ 0.05

4.2	4.25	4.3	4.35	4.4	4.45

잘 공부했는지 알아봅시다

월 일

1 0.7과 0.8 사이에 있는 소수 두 자리 수는 모두 몇 개입니까? 9개

0.71,0.72,0.73,0.74,0.75,0.76,0.77,0.78,0.79 → 9개

2 관계있는 것끼리 선으로 이으시오.

0.38 — 영점 삼팔 (0.38)

0.864 $\frac{864}{1000}$ — 0.864

0.25 — $\frac{25}{100}$ (0.25)

3 다음 중 소수로 바르게 읽은 것에 ○표 하시오.

3.15	2.04	0.03	0.75
(삼점 십오)	(이점 사)	(점 삼)	(영점 칠오) ○
삼점 일오	이점 영사	영점 영삼	

4 숫자 3이 나타내는 수가 큰 수부터 차례로 쓰시오.

3.14 5.32 12.038 0.273

3.14	5.32	0.273	12.038
3	0.3	0.003	0.03

일의 자리의 숫자 3은 3, 소수 첫째 자리의 숫자 3은 0.3, 소수 둘째 자리의 숫자 3은 0.03, 소수 셋째 자리의 숫자 3은 0.003 입니다.

709 메모장

월 일

◐ 다른 수를 찾아 ×표 하시오.

0.03

0.3의 $\frac{1}{10}$배	0.03
~~0.3의 100배~~	30
3의 $\frac{1}{100}$배	0.03
0.003의 10배	0.03

❶ **0.08**

~~0.08의 10배~~	0.8
0.8의 $\frac{1}{10}$배	0.08
80의 $\frac{1}{1000}$배	0.08
0.008의 10배	0.08

❷ **1.63**

16.3의 $\frac{1}{10}$배	1.63
~~0.163의 100배~~	16.3
163의 $\frac{1}{100}$배	1.63
1630의 $\frac{1}{1000}$배	1.63

❸ **1.7**

17의 $\frac{1}{10}$배	1.7
0.17의 10배	1.7
170의 $\frac{1}{100}$배	1.7
~~0.017의 1000배~~	17

소수를 10배 하면 소수점이 오른쪽으로 1칸, 100배 하면 오른쪽으로 2칸, 1000배 하면 오른쪽으로 3칸 옮겨집니다. 소수를 $\frac{1}{10}$배 하면 소수점이 왼쪽으로 1칸, $\frac{1}{100}$배 하면 소수점이 왼쪽으로 2칸 옮겨집니다.

◑ 위의 수가 되도록 빈칸에 알맞은 수를 써넣으시오.

0.72

7.2의 $\frac{1}{10}$배

0.072의 10배

72의 $\frac{1}{100}$배

0.72에서 소수점이 왼쪽으로 1칸 움직이면 7.2가 되므로 0.72는 7.2의 $\frac{1}{10}$배입니다. 이와 같이 소수점이 움직인 칸 수를 세어 몇 배인지 찾습니다.

소수점이 움직인 방향과 정도를 세어 몇 배인지 구합니다.

❶ **0.07**

0.7의 $\frac{1}{10}$배

0.007의 10배

70의 $\frac{1}{1000}$배

❷ **5.23**

523의 $\frac{1}{100}$배

0.523의 10배

52.3의 $\frac{1}{10}$배

❸ **0.48**

480의 $\frac{1}{1000}$배

0.048의 10배

48의 $\frac{1}{100}$배

710 확대경

월 일

◐ (×10)은 주어진 수를 10배로 만듭니다. 빈칸에 알맞은 수를 써넣으시오.

소수를 10배 하면 소수점이 오른쪽으로 1칸 옮겨집니다.

0.043 → (×10) → 0.43

❶ 2.145 → (×10) → 21.45

❷ 8.049 → (×10) → 80.49

❸ 7.907 → (×10) → 79.07

❹ 1.037 → (×10) → 10.37 → (×10) → 103.7 → (×10) → 1037

❺ 3.207 → (×10) → (×10) → 320.7 → (×10) → 3207

❻ 4.314 → (×10) → 43.14 → (×10) → (×10) → 4314

◑ (×10)은 주어진 수를 10배로 만듭니다. 빈칸에 알맞은 수를 써넣으시오.

10배 한 수를 $\frac{1}{10}$배 하여 처음 수를 찾습니다.

0.605 → (×10) → 6.05 ($\frac{1}{10}$배)

❶ 2.074 → (×10) → 20.74 ($\frac{1}{10}$배)

❷ 5.351 → (×10) → 53.51

❸ 2.329 → (×10) → 23.29

❹ 8.635 → (×10) → 86.35 → (×10) → 863.5 → (×10) → 8635

❺ 1.019 → (×10) → (×10) → 101.9 → (×10) → 1019

❻ 7.587 → (×10) → 75.87 → (×10) → (×10) → 7587

711 소수 수수께끼

◐ 왼쪽 소수를 보고 옳은 것에 ○표 하시오.

3.763
- 소수 (두 , (세))자리 수입니다.
- 일의 자리 숫자와 소수 (둘째 , (셋째)) 자리 숫자가 같습니다.
- ((3), 4)보다 크고 (3 , (4))보다 작습니다.
- 소수 첫째 자리 숫자는 ((7), 6)입니다.

❶ **2.75**
- 소수 첫째 자리 숫자는 소수 둘째 자리 숫자보다 ((2), 3)큽니다.
- 소수 ((두), 세)자리 수입니다.
- 소수 첫째 자리 숫자는 (5 , (7))입니다.
- ((2), 3)보다 크고 (2 , (3))보다 작습니다.

❷ **4.521**
- 소수 둘째 자리 숫자는 ((2), 5)입니다.
- ((4), 5)보다 크고 (4 , (5))보다 작습니다.
- 소수 (두 , (세))자리 수입니다.
- 일의 자리 숫자는 소수 ((둘째), 셋째) 자리 숫자보다 2 큽니다.

월 일

◈ 나는 얼마입니까?

5.32
- 소수 두 자리 수입니다.
- 5보다 크고 6보다 작습니다.
- 소수 첫째 자리 숫자는 3입니다.
- 소수 첫째 자리 숫자와 소수 둘째 자리 숫자를 더하면 일의 자리 숫자가 됩니다.

❶ **7.867**
- 소수 세 자리 수입니다.
- 소수 첫째 자리 숫자는 8입니다.
- 소수 둘째 자리 숫자는 소수 첫째 자리 숫자보다 2 작습니다.
- 7보다 크고 8보다 작습니다.
- 일의 자리 숫자와 소수 셋째 자리 숫자는 같습니다.

❷ **6.24**
- 소수 두 자리 수입니다.
- 소수 둘째 자리 숫자는 4입니다.
- 6보다 크고 7보다 작습니다.
- 일의 자리 숫자와 소수 첫째 자리 숫자의 차는 4입니다.

❸ **5.658**
- 소수 세 자리 수입니다.
- 소수 둘째 자리 수는 0.05이고 100배하면 일의 자리 수가 됩니다.
- 5보다 크고 6보다 작습니다.
- 소수 첫째 자리 숫자는 6이고, 소수 셋째 자리 숫자보다 2 작습니다.

화살표 규칙

◐ 화살표 규칙에 맞게 빈칸에 알맞은 수를 써넣으시오.

규칙

↑	10배	↓	$\frac{1}{10}$배
↑↑	100배	↓↓	$\frac{1}{100}$배
↑↑↑	1000배	↓↓↓	$\frac{1}{1000}$배

예: 80.2 ↑10배 8.02

❶ 51.63 ↑ 5.163
❷ 2.83 ↓ 0.283
❸ 771.6 ↑↑ 7.716
❹ 2.65 ↓ 0.265
❺ 43.1 ↓↓ 0.431
❻ 367 ↑↑ 3.67
❼ 6.31 ↓ 0.631
❽ 58.67 ↑ 5.867
❾ 8427 ↑↑↑ 8.427
❿ 603 ↓↓↓ 0.603
⓫ 782.3 ↑↑ 7.823
⓬ 2.5 ↓↓ 0.025

소수를 10배 하면 소수점이 오른쪽으로 1칸, $\frac{1}{10}$배 하면 소수점이 왼쪽으로 1칸 옮겨집니다.

◑ 화살표 규칙에 맞게 빈칸에 알맞은 수를 써넣으시오.

예: 121 ↑10배 12.1 ↓$\frac{1}{10}$배 1.21

❶ 17.5 ↑ 1.75 ↓ 0.175
❷ 14.6 ↑ 1.46 ↓ 0.146
❸ 86 ↑ 8.6 ↓↓ 0.086
❹ 956 ↑↑ 9.56 ↓ 0.956
❺ 32 ↑ 3.2 ↓↓ 0.032
❻ 9170 ↑↑ 91.7 ↓↓ 0.917
❼ 4100 ↑↑ 41 ↓↓↓ 0.041
❽ 1930 ↑↑↑ 1.93 ↓↓ 0.0193
❾ 234 ↑↑ 2.34 ↓ 0.234
❿ 501 ↑ 50.1 ↓↓ 0.501
⓫ 2550 ↑↑↑ 2.55 ↓ 0.255

잘 공부했는지 알아봅시다

월 일

1 □ 안에 알맞은 수를 써넣으시오.

- 11.4의 $\frac{1}{10}$배는 1.14 이고, $\frac{1}{100}$배는 0.114 입니다.
- 0.347의 10배는 3.47 이고, 100배는 34.7 입니다.

소수를 10배 하면 소수점이 오른쪽으로 1칸, 100배 하면 오른쪽으로 2칸, 1000배 하면 오른쪽으로 3칸 옮겨집니다. 소수를 $\frac{1}{10}$배 하면 소수점이 왼쪽으로 1칸, $\frac{1}{100}$배 하면 소수점이 왼쪽으로 2칸 옮겨집니다.

2 0.07과 같은 수를 모두 찾아 ○표 하시오.

(7의 $\frac{1}{100}$배) 0.07 0.007의 100배 0.7
0.7의 10배 7 (0.7의 $\frac{1}{10}$배) 0.07

3 빈칸에 알맞은 수를 써넣으시오.

소수를 10배씩 할 때마다 소수점이 오른쪽으로 1칸씩 옮겨집니다.

❶ 0.785 —(×10)→ 7.85

❷ 0.473 —(×100)→ 47.3

❸ 1.315 —(×10)→ 13.15 —(×10)(×10)→ 1315

부등호

◐ ○안에 >, =, <를 알맞게 써넣으시오.

0.48 (<) 0.5 — (<)

자연수 부분이 같으므로 소수 첫째 자리 수의 크기를 비교합니다. 4<5이므로 0.48<0.5입니다.

❶ 2.42 (>) 2.418 — (>)

❷ 0.62 (>) 0.34 — (>)

❸ 3.12 (<) 3.176 — (<)

❹ 6.33 (>) 6.327 — (>)

❺ 0.76 (>) 0.75 — (>)

❻ 0.51 (<) 0.543 — (<)

❼ 8.79 (>) 8.241 — (>)

❽ 2.8 (>) 2.72 — (>)

❾ 5.95 (<) 5.961 — (<)

소수의 크기는
① 자연수 부분이 큰 수가 더 큽니다.
② 자연수 부분이 같으면 소수 첫째 자리 수의 크기를 비교합니다.
③ 소수 첫째 자리 수가 같으면 소수 둘째 자리 수의 크기를 비교합니다.
④ 소수 둘째 자리 수가 같으면 소수 셋째 자리 수의 크기를 비교합니다.

◑ 크기를 비교하여 ○ 안에 >, =, <를 알맞게 써넣으시오.

0.325 (>) 0.31

자연수 부분과 소수 첫째 자리 수가 같으므로 소수 둘째 자리 수의 크기를 비교합니다. 2<1이므로 0.325>0.31입니다.

❶ 4.05 (<) 4.064

❷ 0.85 (>) 0.574

❸ 2.14 (<) 2.164

❹ 3.852 (<) 3.856

❺ 4.85 (>) 4.287

❻ 5.8 (<) 5.915

❼ 0.65 (<) 0.789

❽ 1.76 (>) 1.26

❾ 6.265 (>) 6.02

❿ 0.462 (>) 0.409

⓫ 7.101 (>) 7.077

⓬ 4.69 (<) 4.797

⓭ 6.247 (<) 6.3

714 가장 큰 수 가장 작은 수

◐ 가장 큰 수를 ☐ 안에, 가장 작은 수를 ☐ 안에 써넣으시오.

(예시) 2.714, 42.71, 2.7, 4.271, 3.204 → 가장 큰 수: 42.71, 가장 작은 수: 2.7

❶ 3.33, 1.046, 8.1, 4.946, 0.91 → 가장 큰 수: 8.1, 가장 작은 수: 0.91

❷ 1.395, 6.994, 5.4, 7.94, 4.14 → 가장 큰 수: 7.94, 가장 작은 수: 1.395

❸ 3.938, 7.52, 2.6, 7.22, 2.163 → 가장 큰 수: 7.52, 가장 작은 수: 2.163

❹ 6.471, 5.75, 6.9, 2.65, 8.129 → 가장 큰 수: 8.129, 가장 작은 수: 2.65

❺ 4.234, 3.451, 7.78, 3.88, 4.997 → 가장 큰 수: 7.78, 가장 작은 수: 3.451

월 일

◐ 큰 수부터 차례로 쓰시오.

(예시) 1.72, 10.3, 1.719, 1.7 → 10.3 - 1.72 - 1.719 - 1.7

❶ 1.783, 1.19, 1.3, 2.49 → 2.49 - 1.783 - 1.3 - 1.19

❷ 3.35, 3.788, 3.7, 2.75 → 3.788 - 3.7 - 3.35 - 2.75

❸ 2.456, 2.49, 9.07, 2.8 → 9.07 - 2.8 - 2.49 - 2.456

❹ 5.23, 4.51, 2.34, 3.3 → 5.23 - 4.51 - 3.3 - 2.34

715 소수 사다리

월 일

◐ 수를 한 번씩 모두 사용하여 소수 두 자리 수를 만들고, 작은 수를 밑에서부터 차례로 써넣으시오.

가장 작은 소수 두 자리 수는 가장 작은 수를 일의 자리에, 그 다음 작은 수를 소수 첫째 자리에, 남은 수를 소수 둘째 자리에 놓습니다.

(예) . 1 2 5

5.21
5.12
2.51
2.15
1.52
1.25

❶ . 1 3 6

6.31
6.13
3.61
3.16
1.63
1.36

❷ . 2 3 7

7.32
7.23
3.72
3.27
2.73
2.37

❸ . 1 4 9

9.41
9.14
4.91
4.19
1.94
1.49

◑ 수를 한 번씩 모두 사용하여 1보다 작은 소수 세 자리 수를 만들고, 작은 수를 밑에서부터 차례로 써넣으시오.

1보다 작은 소수는 일의 자리에 숫자 0이 들어갑니다.

(예) . 0 1 2 4

0.421
0.412
0.241
0.214
0.142
0.124

❶ . 0 3 5 8

0.853
0.835
0.583
0.538
0.385
0.358

❷ . 0 2 4 7

0.742
0.724
0.472
0.427
0.274
0.247

❸ . 0 4 7 9

0.974
0.947
0.794
0.749
0.497
0.479

716 네모 대소

◐ □ 안에 들어갈 수 있는 수에 모두 ○표 하시오.

3.2 > 3.□2
⓪ ① 2 3

❶ 3.0□4 > 3.05
3 4 ⑤ ⑥

❷ 4.729 < 4.□29
6 7 ⑧ ⑨

❸ 0.67 > 0.6□
⑤ ⑥ 7 8

❹ 4.6 < 4.□5
4 5 ⑥ ⑦

❺ 4.1□9 < 4.157
③ ④ 5 6

❻ □.78 > 5.43
3 4 ⑤ ⑥

❼ 6.□8 > 6.592
4 5 ⑥ ⑦

❽ 5.9□4 < 5.971
⑤ ⑥ 7 8

❾ □.573 > 3.47
1 2 ③ ④

◐ □ 안에 들어갈 수 있는 가장 큰 수를 쓰시오.

5.83 > 5.8[2]1

❶ 8.828 > 8.8[2]4

❷ 4.[5]5 < 4.643

❸ [4].387 < 4.39

❹ 3.715 > 3.[6]29

❺ 9.021 > 9.0[2]

◐ □ 안에 들어갈 수 있는 가장 작은 수를 쓰시오.

2.[6]02 > 2.56

❻ [6].697 > 5.72

❼ 5.45 < 5.[4]7

❽ 3.8 < [3].824

❾ 0.6[4]7 > 0.645

❿ 11.2[5] > 11.245

⓫ 7.31 < 7.[3]2

⓬ 5.333 < 5.3[4]3

잘 공부했는지 알아봅시다

월 일

1 3.27과 3.36을 수직선에 나타내고 크기를 비교하시오.

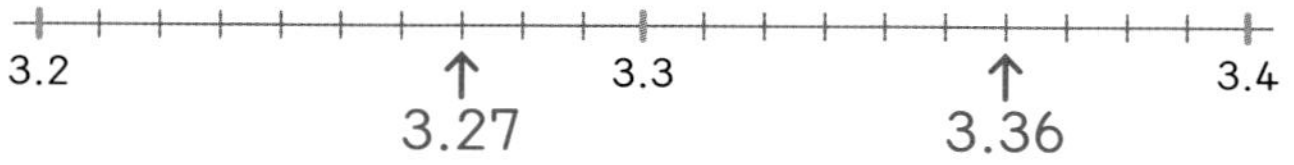

3.27 (<) 3.36

수직선에서 더 오른쪽에 있는 수가 더 큰 수입니다.

2 작은 수부터 차례로 쓰시오. 3.5 3.53 3.54 3.542

3.54 3.5 3.542 3.53

가장 작은 소수 세 자리 수는 가장 작은 수를 일의 자리에, 두 번째 작은 수를 소수 첫째 자리에, 세 번째 작은 수를 소수 둘째 자리에, 남은 수를 소수 셋째 자리에 놓습니다.
가장 큰 소수 세 자리 수는 가장 작은 소수 세 자리 수와 반대로 일의 자리부터 가장 큰 수를 놓아 만듭니다.

3 카드를 한 번씩 모두 사용하여 1보다 작은 소수 세 자리 수를 만들려고 합니다. 만들 수 있는 가장 큰 수와 가장 작은 수를 구하시오.

가장 큰 수 : 0.763
가장 작은 수 : 0.367

.	0	3	6	7

717 자릿수가 같은 소수 덧셈

월 일

◐ □ 안에 알맞은 수를 써넣으시오.

$$\begin{array}{r} 3.72 \\ +\ 0.56 \\ \hline \end{array} \rightarrow \begin{array}{r} 3.72\text{는 } 0.01\text{이 } \boxed{372}\text{ 개} \\ +\,0.56\text{은 } 0.01\text{이 } \boxed{56}\text{ 개} \\ \hline 0.01\text{이 } \boxed{428}\text{ 개} \end{array} \rightarrow \begin{array}{r} 3.72 \\ +\ 0.56 \\ \hline \boxed{4.28} \end{array}$$

❶ $$\begin{array}{r} 2.3 \\ +\ 0.5 \\ \hline \end{array} \rightarrow \begin{array}{r} 2.3\text{은 } 0.1\text{이 } \boxed{23}\text{ 개} \\ +\,0.5\text{는 } 0.1\text{이 } \boxed{5}\text{ 개} \\ \hline 0.1\text{이 } \boxed{28}\text{ 개} \end{array} \rightarrow \begin{array}{r} 2.3 \\ +\ 0.5 \\ \hline \boxed{2.8} \end{array}$$

❷ $$\begin{array}{r} 2.74 \\ +\ 5.45 \\ \hline \end{array} \rightarrow \begin{array}{r} 2.74\text{는 } 0.01\text{이 } \boxed{274}\text{ 개} \\ +\,5.45\text{는 } 0.01\text{이 } \boxed{545}\text{ 개} \\ \hline 0.01\text{이 } \boxed{819}\text{ 개} \end{array} \rightarrow \begin{array}{r} 2.74 \\ +\ 5.45 \\ \hline \boxed{8.19} \end{array}$$

❸ $$\begin{array}{r} 7.8 \\ +\ 3.4 \\ \hline \end{array} \rightarrow \begin{array}{r} 7.8\text{은 } 0.1\text{이 } \boxed{78}\text{ 개} \\ +\,3.4\text{는 } 0.1\text{이 } \boxed{34}\text{ 개} \\ \hline 0.1\text{이 } \boxed{112}\text{ 개} \end{array} \rightarrow \begin{array}{r} 7.8 \\ +\ 3.4 \\ \hline \boxed{11.2} \end{array}$$

자릿수가 같은 소수의 덧셈은 소수점 자리를 맞추어 자연수의 덧셈과 같은 방법으로 계산하고 소수점을 그대로 내려 찍습니다.

◑ 세로셈으로 고쳐 계산을 하시오.

$2.95+0.31=\boxed{3.26}$

$$\begin{array}{r} 2.95 \\ +\,0.31 \\ \hline 3.26 \end{array}$$

세로셈으로 소수의 덧셈을 할 때에는 소수점을 맞추어 쓰고 같은 자리 수끼리 더합니다.

❶ $3.6+0.8=\boxed{4.4}$

$$\begin{array}{r} 3.6 \\ +\,0.8 \\ \hline 4.4 \end{array}$$

❷ $4.44+6.86=\boxed{11.3}$

$$\begin{array}{r} 4.44 \\ +\,6.86 \\ \hline 11.3 \end{array}$$

❸ $1.6+4.9=\boxed{6.5}$

$$\begin{array}{r} 1.6 \\ +\,4.9 \\ \hline 6.5 \end{array}$$

❹ $8.55+1.65=\boxed{10.2}$

$$\begin{array}{r} 8.55 \\ +\,1.65 \\ \hline 10.2 \end{array}$$

❺ $9.6+5.8=\boxed{15.4}$

$$\begin{array}{r} 9.6 \\ +\,5.8 \\ \hline 15.4 \end{array}$$

성문 막기

월 일

◐ 관계있는 것끼리 선으로 이으시오.

+0.7		
0.5	2.4	1.7+0.7
1.7	13.9	13.2+0.7
13.2	1.2	0.5+0.7

❶

+0.21		
1.02	1.23	1.02+0.21
0.12	0.33	0.12+0.21
2.01	2.22	2.01+0.21

❷

+0.3	
0.2	3.5
4.3	0.5
3.2	4.6

❸

+0.41	
3.08	1.6
2.71	3.12
1.19	3.49

❹

+0.35	
3.13	3.48
2.43	5.76
5.41	2.78

❺

+0.6	
1.6	2.2
0.9	1.5
9.1	9.7

◐ 빈칸에 알맞은 수를 써넣고, 나머지 선 두 개를 알맞게 이으시오.

□안의 수를 먼저 구합니다.

2.04+0.04=2.08

+ 0.04		
0.24	2.08	
2.04	0.28	0.24+0.04
0.42	0.46	0.42+0.04

❶ 1.6+1.1=2.7

+ 1.1	
1.6	1.5
0.4	2.7
10.3	11.4

❷

+ 0.02	
5.97	6.93
1.75	1.77
6.91	5.99

❸

+ 0.31	
1.49	1.8
3.28	4.08
3.77	3.59

❹

+ 0.14	
0.88	3.88
3.11	1.02
3.74	3.25

❺

+ 1.5	
4.2	11.2
9.7	6.8
5.3	5.7

719 부등호 덧셈

◐ □ 안에 들어갈 수 있는 수에 ○표 하시오.

$5.4+3.\square > 9.1$: 6, 7, (8), (9)

❶ $4.35+2.\square 2 < 6.67$: (1), (2), 3, 4

❷ $0.8+2.\square < 3.1$: (1), (2), 3, 4

❸ $7.\square 8+4.13 > 11.61$: 3, 4, (5), (6)

❹ $8.9+0.\square > 9.5$: 5, 6, (7), (8)

❺ $2.82+1.45 < \square.29$: 2, 3, (4), (5)

❻ $\square.7+3.1 < 9.8$: (4), (5), 6, 7

❼ $4.\square 9+0.84 < 5.33$: (2), (3), 4, 5

❽ $2.2+5.3 > 7.\square$: (3), (4), 5, 6

❾ $2.21+7.\square 5 < 10.06$: (6), (7), 8, 9

월 일

◈ □ 안에 들어갈 수 있는 수를 모두 쓰시오.

$7.2 < 2.8+4.\square < 7.5$　　5 6

$7.2=2.8+4.\boxed{4}$
$7.2<2.8+4.\boxed{5}<7.5$
$7.2<2.8+4.\boxed{6}<7.5$
$2.8+4.\boxed{7}=7.5$

❶ $9.6 < 3.\square+6.3 < 9.9$　　4 5

❷ $6.7 < 4.6+\square.1 < 9.7$　　3 4

❸ $9.3 < 3.2+6.\square < 9.6$　　2 3

❹ $6.6 < 0.94+\square.66 < 8.9$　　6 7

❺ $9.81 < 8.\square 7+1.74 < 10.11$　　1 2

❻ $4.31 < 1.23+3.0\square < 4.33$　　9

720 숫자 카드 덧셈

◐ 카드를 한 번씩 모두 사용하여 만든 1보다 작은 소수 두 자리 수의 합을 구하는 식과 답을 쓰시오.

1보다 작은 소수는 일의 자리에 0이 들어갑니다.

[.] [0] [2] [5]

식 : 0.25+0.52=0.77

답 : 0.77

❶ [.] [0] [7] [8]

식 : 0.78+0.87=1.65

답 : 1.65

❷ [.] [0] [3] [7]

식 : 0.37+0.73=1.1

답 : 1.1

❸ [.] [0] [4] [5]

식 : 0.45+0.54=0.99

답 : 0.99

❹ [.] [0] [6] [8]

식 : 0.68+0.86=1.54

답 : 1.54

❺ [.] [0] [3] [4]

식 : 0.34+0.43=0.77

답 : 0.77

◑ 카드를 한 번씩 모두 사용하여 만들 수 있는 소수 두 자리 수 중에서 가장 큰 수와 가장 작은 수의 합을 구하는 식과 답을 쓰시오.

[3] [6] [7] [.]

식 : 7.63+3.67=11.3

답 : 11.3

가장 큰 수 7.63 가장 작은 수 3.67

❶ [1] [4] [8] [.]

식 : 8.41+1.48=9.89

답 : 9.89

가장 큰 수 8.41 가장 작은 수 1.48

❷ [3] [5] [6] [.]

식 : 6.53+3.56=10.09

답 : 10.09

❸ [2] [4] [9] [.]

식 : 9.42+2.49=11.91

답 : 11.91

❹ [1] [5] [8] [.]

식 : 8.51+1.58=10.09

답 : 10.09

❺ [4] [6] [7] [.]

식 : 7.64+4.67=12.31

답 : 12.31

잘 공부했는지 알아봅시다

월 일

1 계산 결과가 같은 것끼리 선으로 이으시오.

1.17	0.71+0.46	0.6+2.5	3.1
3.1	2.3+0.8	3.18+1.12	4.3
4.3	1.24+3.06	0.94+0.23	1.17
7.1	2.7+4.4	5.2+1.9	7.1

2 가장 큰 소수와 가장 작은 소수의 합을 구하시오. 1.81

0.62 1.24 0.57 1.09

1.24+0.57=1.81

3 카드를 한 번씩 모두 사용하여 소수 두 자리 수를 만들려고 합니다. 만들 수 있는 가장 큰 수와 가장 작은 수의 합을 구하시오. 12.51

2 9 7 .

가장 큰 수 : 9.72
가장 작은 수 : 2.79
9.72+2.79=12.51

721 잘못된 계산

◐ 계산이 바르게 된 것에 ○표 하시오.

0.8 3 + 0.7 0.9 0	0.83 +0.7 1.53

소수점의 위치가 같게 쓰여 졌는지, 같은 자리 수끼리 더했는지 등을 생각하며 잘못된 계산식을 찾습니다.

❶	2.03 +3. 7 5.10	2.03 +3.7 5.73
❷	2.92 +16.3 19.22	2.9 2 +1 6.3 4 5.5
❸	3.95 +2.7 5.165	3.95 +2.7 6.65
❹	4.04 +3.08 7.012	4.04 +3.08 7.12
❺	10.72 + 2.014 12.734	1 0.72 +2.0 14 1 2.86
❻	7.919 + 9.42 17.339	7.9 19 + 9.42 8.8 61
❼	2.67 +8.1 23 8.3 9	2.67 +8.123 10.793

자릿수가 다른 소수의 덧셈은 소수점끼리 맞추어 세로로 쓰고, 같은 자리 수끼리 더합니다.

◑ 계산이 잘못된 부분을 찾아 바르게 고치시오.

	7.24 +0. 8 7.32	→	7.24 +0.8 8.04
❶	8.9 +4.6 2 5.5 1	→	8.9 +4.62 13.52
❷	1.7 4 + 2.9 2.0 3	→	1.74 +2.9 4.64
❸	7.9 +5.05 2 5.13 1	→	7.9 +5.052 12.952
❹	7.44 +1.9 8.34	→	7.44 +1.9 9.34
❺	5.09 +1.03 6.012	→	5.09 +1.03 6.12
❻	6.32 +0.6 6.38	→	6.32 +0.6 6.92
❼	4.03 +9.3 81 13.3 84	→	4.03 +9.381 13.411

722 갈림길

◐ 계산에 맞게 선을 그리시오.

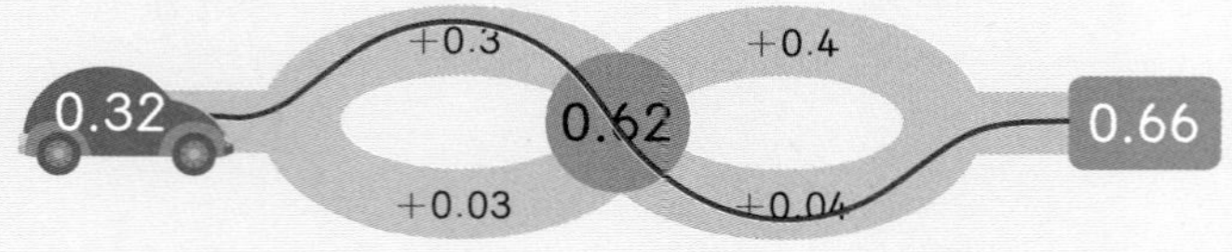

❶
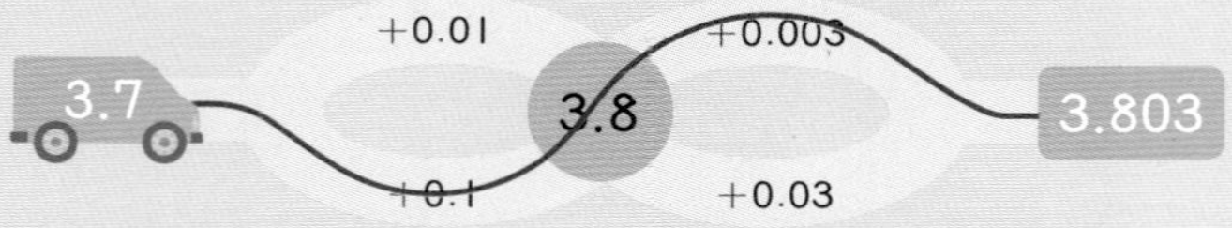

❷
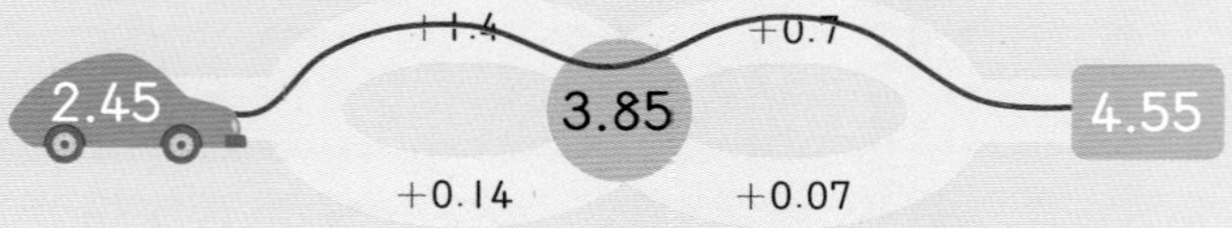

❸
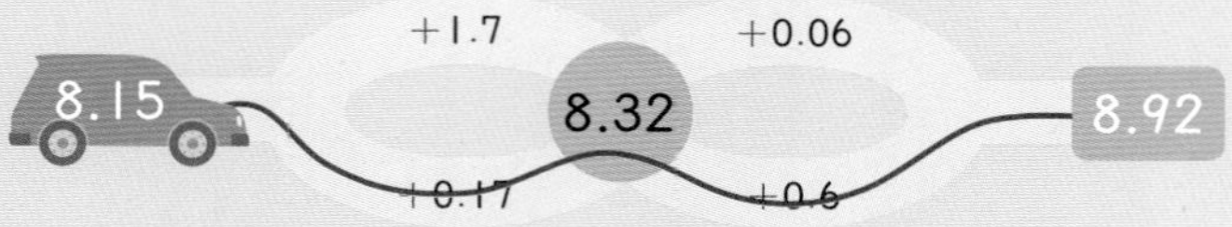

◐ 빈칸에 알맞은 수를 써넣으시오.

7.2 →(+0.27) 7.47 →(+1.4) 8.87

❶ 2.92 →(+0.5) 3.42 →(+0.105) 3.525

❷ 1.78 →(+0.2) 1.98 →(+0.35) 2.33

❸ 2.4 →(+1.74) 4.14 →(+0.5) 4.64

❹ 7.41 →(+1.24) 8.65 →(+2.9) 11.55

❺ 0.45 →(+0.9) 1.35 →(+3.8) 5.15

❻ 8.5 →(+0.08) 8.58 →(+1.271) 9.851

❼ 4.84 →(+5.6) 10.44 →(+0.62) 11.06

❽ 1.03 →(+0.27) 1.3 →(+0.16) 1.46

❾ 2.6 →(+0.7) 3.3 →(+0.03) 3.33

723 소수 카드 어림하기

◐ 어림하여 식을 완성하시오. 수 카드 중 두 장을 사용합니다.

(예) 카드: 0.6, 1.08, 2.72

1.08 + 2.72 = 3.8

❶ 카드: 0.72, 6.02, 12.5

0.72 + 12.5 = 13.22

❷ 카드: 3.9, 8.45, 9.11

3.9 + 9.11 = 13.01

❸ 카드: 0.63, 3.312, 1.08

0.63 + 3.312 = 3.942

❹ 카드: 2.4, 2.36, 1.25

2.36 + 1.25 = 3.61

❺ 카드: 2.716, 6.3, 5.28

2.716 + 5.28 = 7.996

❻ 카드: 4.61, 3.62, 2.84

3.62 + 2.84 = 6.46

❼ 카드: 8.19, 5.061, 8.66

8.19 + 5.061 = 13.251

◑ 수 카드 중 세 장을 사용하여 식을 완성하시오.

(예) 카드: 3.72, 7.21, 0.4, 0.6, 7.61

7.21 + 0.4 = 7.61

❶ 카드: 5.74, 1.24, 0.27, 2.7, 3.94

1.24 + 2.7 = 3.94

❷ 카드: 11.38, 12.38, 3.4, 7.98, 2.4

7.98 + 3.4 = 11.38

❸ 카드: 1.28, 10.54, 6.4, 8.04, 2.5

8.04 + 2.5 = 10.54

❹ 카드: 5.124, 3.6, 1.34, 2.64, 6.24

3.6 + 2.64 = 6.24

❺ 카드: 6.2, 9.613, 3.423, 6.19, 3.94

3.423 + 6.19 = 9.613

724 벌레 먹은 셈

월 일

◐ □ 안에 알맞은 수를 써넣으시오.

낮은 자리의 □ 안의 수부터 차례로 찾습니다.

예시)
  5 . [2] 3
+ 3 . 4 [8] 2
= [8] . 7 1 [2]

❶
  9 . [2]
+ [4] . 8 [4] 2
= [1] 4 . 0 4 [2]

❷
  [1] 0 . 4 [7] 2
+ 4 . [7]
= 1 [5] . 1 7 [2]

❸
  6 . 1 9
+ [5] . 9 [3]
= [1] 2 . [1] 2

❹
  4 . 3 [3]
+ 2 . [8] 1 [5]
= [7] . 1 4 5

❺
  5 . 7 7 [3]
+ [5] . 9 [8] 8
= [1] 1 . [7] 6 1

❻
  8 . 6 3 [3]
+ [1] . 5 8
= [1] 0 . 2 [1] 3

❼
  [2] . 1 6 1
+ 6 . [0] 5 [8]
= 8 . 2 [1] 9

◑ □ 안에 알맞은 수를 써넣으시오.

가로셈으로 되어 있는 벌레 먹은 셈은 세로셈으로 바꾸어 구하는 것이 좋습니다.

예시) 2.7[1]4+3.[4]=6.11[4]

❶ [5].24+3.[8]=9.0[4]

❷ 9.1[3]+[2].3=11.[4]3

❸ 1.818+[1].1[3]=2.94[8]

❹ [1].4+0.90[5]=2.3[0]5

❺ 5.[4]7+1.6[4]1=7.11[1]

❻ 6.[6]+0.7[9]7=[7].397

❼ [2].01+1.00[4]=3.[0]14

❽ 3.71[4]+0.[4]5=4.1[6]4

잘 공부했는지 알아봅시다

월 일

1 수 카드 중 세 장을 사용하여 덧셈식을 완성하시오.

0.74 | 0.45 | 1.091 | 0.351 | 1.081

0.74 + 0.351 = 1.091

2 가장 큰 소수와 가장 작은 소수의 합을 구하시오.

❶ 0.62 1.24 0.57 1.09

1.81
1.24+0.57

❷ 3.872 3.5 3.13 0.07

3.942
3.872+0.07

3 □ 안에 알맞은 수를 써넣으시오.

소수 셋째 자리의 □ 안의 수를 먼저 찾은 다음, 소수 둘째 자리, 소수 첫째 자리, 자연수 부분의 □ 안의 수를 찾습니다.

❶
$$\begin{array}{r} 6.70\boxed{6} \\ +\ \boxed{5}.\boxed{4}5 \\ \hline \boxed{1}2.1\boxed{5}6 \end{array}$$

❷
$$\begin{array}{r} \boxed{0}.2 \\ +\ 7.\boxed{8}4\boxed{1} \\ \hline 8.0\boxed{4}1 \end{array}$$

725 자릿수가 같은 소수 뺄셈

월 일

◐ □ 안에 알맞은 수를 써넣으시오.

$6.41 - 1.29$ → 6.41은 0.01이 641 개, −1.29는 0.01이 129 개, 0.01이 512 개 → $6.41 - 1.29 = 5.12$

❶ $2.3 - 0.6$ → 2.3은 0.1이 23 개, −0.6은 0.1이 6 개, 0.1이 17 개 → $2.3 - 0.6 = 1.7$

❷ $7.46 - 2.68$ → 7.46은 0.01이 746 개, −2.68은 0.01이 268 개, 0.01이 478 개 → $7.46 - 2.68 = 4.78$

❸ $4.1 - 0.5$ → 4.1은 0.1이 41 개, −0.5는 0.1이 5 개, 0.1이 36 개 → $4.1 - 0.5 = 3.6$

자릿수가 같은 소수의 뺄셈은 소수점 자리를 맞추어 자연수의 뺄셈과 같은 방법으로 계산하고 소수점을 그대로 내려 찍습니다.

◑ 세로셈으로 고쳐 계산을 하시오.

$7.91 - 5.22 = 2.69$

```
  7.91
- 5.22
  2.69
```

❶ $2.89 - 0.46 = 2.43$

```
  2.89
- 0.46
  2.43
```

❷ $9.23 - 0.27 = 8.96$

```
  9.23
- 0.27
  8.96
```

❸ $7.4 - 2.6 = 4.8$

```
  7.4
- 2.6
  4.8
```

❹ $5.22 - 1.76 = 3.46$

```
  5.22
- 1.76
  3.46
```

❺ $5.5 - 3.8 = 1.7$

```
  5.5
- 3.8
  1.7
```

세로셈으로 소수의 뺄셈을 할 때에는 소수점을 맞추어 쓰고 같은 자리 수끼리 뺍니다.

신발끈

◐ 선으로 이어진 두 수의 차가 위의 수가 되도록 안의 수를 ⬭ 안에 써넣으시오.

0.4

2.2 0.5
0.9 1.8
6.7 6.3

0.5 2.2 6.7

❶ 2.1

8.6 6.5
4.3 5.8
7.9 2.2

5.8 4.3 6.5

❷ 1.21

7.81 1.71
2.92 4.54
5.75 6.6

6.6 2.92 5.75

❸ 1.23

6.75 0.89
8.17 6.94
2.12 5.52

2.12 6.75 6.94

◑ 두 수의 차가 위의 수가 되도록 선을 이으시오.

0.8

2.3 7.9
6.5 5.7
8.7 1.1
1.9 1.5

❶ 1.23

1.83 0.6
7.51 4.01
5.24 6.28
4.91 3.68

❷ 1.03

2.67 5.21
6.24 1.64
5.06 2.29
3.32 4.03

❸ 1.5

5.8 2.7
7.3 6.6
4.2 4.3
8.1 5.8

727 **부등호 뺄셈**

◐ □ 안에 들어갈 수 있는 수에 모두 ○표 하시오.

$\overset{0.6}{7.3-6.7} < 0.\square$

5 6 ⑦ ⑧ ⑨

❶ 9.2−3.□ < 5.7

4 5 ⑥ ⑦

❷ 8.□2−7.68 > 0.54

1 2 ③ ④

❸ 8.4−1.5 < □.9

5 6 ⑦ ⑧

❹ 5.33−4.□7 > 1.06

⓪ ① 2 3

❺ 5.03−2.9□ < 2.06

6 7 ⑧ ⑨

❻ □.4−3.8 > 1.6

4 5 ⑥ ⑦

❼ 7.2−2.□ < 4.8

3 4 ⑤ ⑥

❽ 3.3□−2.88 < 0.45

① ② 3 4

❾ 9.36−4.69 > 4.□7

④ ⑤ 6 7

◈ □ 안에 들어갈 수 있는 수를 모두 쓰시오.

부등호 양쪽의 뺄셈식을 계산한 다음 □ 안에 들어갈 수 있는 수를 구합니다.

$\underset{3.3}{4.5-1.2} < 3.\square < \underset{3.8}{7.6-3.8}$ — 4 5 6 7

❶ $\underset{4.6}{6.7-2.1} < 4.\square < \underset{4.9}{8.2-3.3}$ — 7 8

❷ $\underset{2.42}{7.93-5.51} < 2.\square 3 < \underset{2.75}{8.38-5.63}$ — 4 5 6 7

❸ $\underset{7.1}{9.2-2.1} < 7.\square < \underset{7.4}{9.1-1.7}$ — 2 3

❹ $\underset{0.63}{9.87-9.24} > 0.\square 3 > \underset{0.32}{3.23-2.91}$ — 3 4 5

❺ $\underset{5.95}{7.62-1.67} > 5.\square 5 > \underset{5.45}{5.67-0.22}$ — 5 6 7 8

❻ $\underset{3.3}{5.5-2.2} < 3.\square < \underset{3.8}{8.1-4.3}$ — 4 5 6 7

728 숫자 카드 뺄셈

월 일

◐ 카드를 한 번씩 모두 사용하여 만든 1보다 작은 소수 두 자리 수의 차를 구하는 식과 답을 쓰시오.

[.] [0] [2] [3]

식 : 0.32−0.23=0.09

답 : 0.09

❶ [.] [0] [6] [8]

식 : 0.86−0.68=0.18

답 : 0.18

❷ [.] [0] [1] [5]

식 : 0.51−0.15=0.36

답 : 0.36

❸ [.] [0] [4] [7]

식 : 0.74−0.47=0.27

답 : 0.27

❹ [.] [0] [6] [9]

식 : 0.96−0.69=0.27

답 : 0.27

❺ [.] [0] [3] [8]

식 : 0.83−0.38=0.45

답 : 0.45

가장 작은 소수 두 자리 수는 가장 작은 수를 일의 자리에, 두 번째 작은 수를 소수 첫째 자리에, 남은 수를 소수 둘째 자리에 놓습니다. 가장 큰 소수 두 자리 수는 가장 작은 소수 두 자리 수와 반대로 일의 자리부터 가장 큰 수를 놓아 만듭니다.

◑ 카드를 한 번씩 모두 사용하여 만들 수 있는 소수 두 자리 수 중에서 가장 큰 수와 가장 작은 수의 차를 구하는 식과 답을 쓰시오.

[.] [1] [5] [7]

식 : 7.51−1.57=5.94

답 : 5.94

❶ [.] [4] [5] [8]

식 : 8.54−4.58=3.96

답 : 3.96

❷ [.] [1] [2] [9]

식 : 9.21−1.29=7.92

답 : 7.92

❸ [.] [3] [5] [6]

식 : 6.53−3.56=2.97

답 : 2.97

❹ [.] [2] [4] [7]

식 : 7.42−2.47=4.95

답 : 4.95

❺ [.] [2] [8] [9]

식 : 9.82−2.89=6.93

답 : 6.93

잘 공부했는지 알아봅시다

월 일

1 계산 결과가 같은 것끼리 선으로 이으시오.

1.61	8.77−7.16	4.6−0.7	3.9
3.9	6.3−2.4	5.3−0.7	4.6
4.6	8.7−4.1	4.44−3.59	0.85
0.85	3.61−2.76	9.63−8.02	1.61

2 □ 안에 들어갈 수 있는 수를 모두 쓰시오.

❶ $7.5-4.8 < \square.7 < 7.2-2.4$ 3, 4

2.7 4.8

❷ $4.09-2.51 < 1.\square 8 < 5.32-3.34$ 6, 7, 8

1.58 1.98

3 카드를 한 번씩 모두 사용하여 소수 두 자리 수를 만들려고 합니다. 만들 수 있는 가장 큰 수와 두 번째로 큰 수의 차를 구하시오. 0.18

3 5 9 .

가장 큰 수 : 9.53
두 번째 큰 수 : 9.35
9.53−9.35=0.18

729 잘못된 계산

월 일

◐ 계산이 바르게 된 것에 ○표 하시오.

소수점의 위치가 같게 쓰여 졌는지, 같은 자리 수끼리 뺐는지 등을 생각하며 잘못된 계산식을 찾습니다.

예	3.44 − 2.4 = 3.20	(○) 3.44 − 2.4 = 1.04
①	(○) 8.96 − 8.5 = 0.46	8.96 − 8.5 = 8.11
②	7.4 − 2.06 = 5.46	(○) 7.4 − 2.06 = 5.34
③	5.23 − 1.3 = 5.10	(○) 5.23 − 1.3 = 3.93
④	2.39 − 0.4 = 2.35	(○) 2.39 − 0.4 = 1.99
⑤	(○) 9.58 − 7.076 = 2.504	9.58 − 7.076 = 2.516
⑥	(○) 4.635 − 3.18 = 1.455	4.635 − 0.318 = 43.17
⑦	8.18 − 6.1 = 2.0	(○) 8.18 − 6.1 = 2.08

자릿수가 다른 소수의 뺄셈은 소수점끼리 맞추어 세로로 쓰고, 같은 자리 수끼리 뺍니다.

◑ 계산이 잘못된 곳을 찾아 바르게 고치시오.

	잘못된 계산	바른 계산
예	9.82 − 8.7 = 8.95	9.82 − 8.7 = 1.12
①	5.13 − 3.1 = 2.3	5.13 − 3.1 = 2.03
②	3.76 − 2.4 = 3.52	3.76 − 2.4 = 1.36
③	6.39 − 1.7 = 5.32	6.39 − 1.7 = 4.69
④	9.224 − 6.31 = 8.593	9.224 − 6.31 = 2.914
⑤	6.72 − 3.3 = 6.39	6.72 − 3.3 = 3.42
⑥	8.47 − 3.4 = 5.7	8.47 − 3.4 = 5.07
⑦	7.543 − 4.26 = 7.117	7.543 − 4.26 = 3.283

730 갈림길

◐ 계산에 맞게 선을 그으시오.

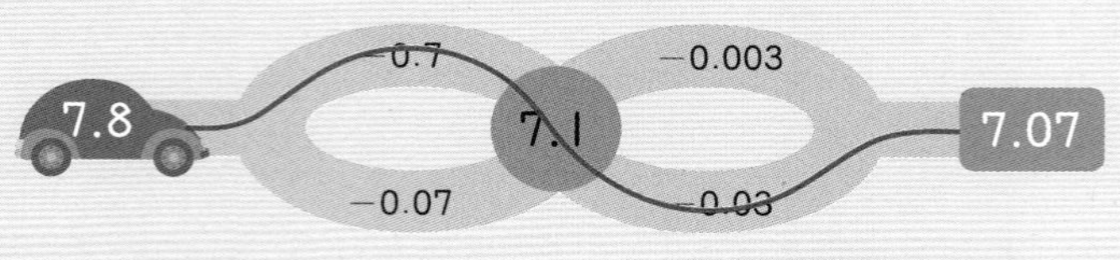

❶
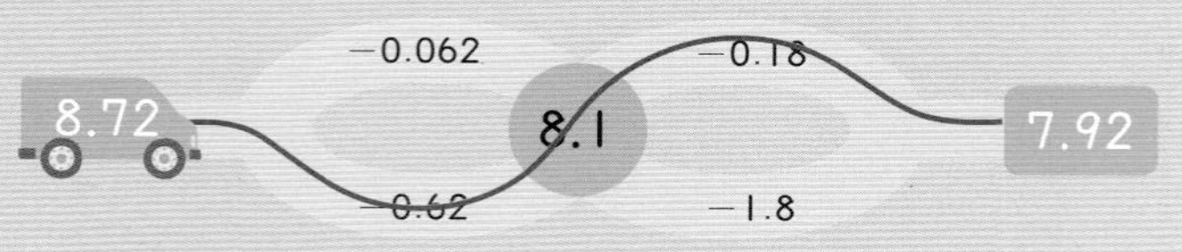

❷

❸
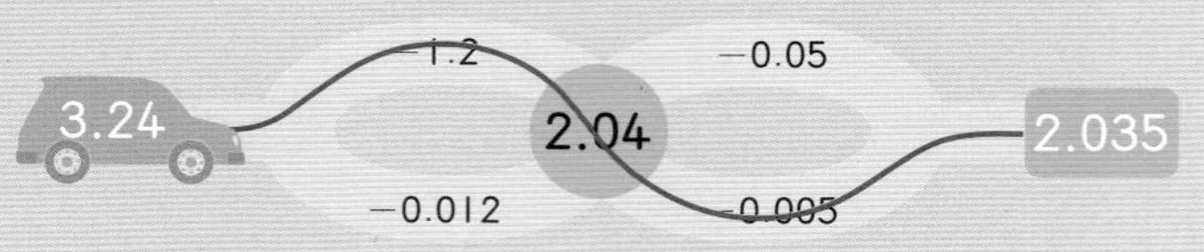

월 일

◑ 빈칸에 알맞은 수를 써넣으시오.

4.4 −0.05 → 4.35 −1.2 → 3.15

❶ 5.3 −0.17 → 5.13 −0.6 → 4.53

❷ 9.13 −0.6 → 8.53 −1.32 → 7.21

❸ 8.77 −0.03 → 8.74 −0.003 → 8.737

❹ 4.9 −0.08 → 4.82 −0.001 → 4.819

❺ 5.92 −0.17 → 5.75 −0.8 → 4.95

❻ 9.4 −0.05 → 9.35 −5.21 → 4.14

❼ 8.6 −0.04 → 8.56 −6.2 → 2.36

❽ 6.61 −3.2 → 3.41 −1.2 → 2.21

❾ 7.15 −0.41 → 6.74 −1.5 → 5.24

731 소수 어림하기

● 어림하여 두 수의 차가 ◯ 안의 수가 되는 두 수에 색칠하시오.

(예) 2.72, 10.08, 0.6, 3.8 → 1.08 (색칠: 2.72, 3.8)

❶ 3.1, 6.88, 5.12, 5.34 → 3.78 (색칠: 3.1, 6.88)

❷ 5.5, 3.21, 3.4, 5.11 → 0.19 (색칠: 3.21, 3.4)

❸ 2.8, 6.11, 7.7, 0.14 → 7.56 (색칠: 7.7, 0.14)

❹ 2.35, 0.762, 5.608, 6.4 → 1.588 (색칠: 2.35, 0.762)

❺ 1.66, 0.8, 9.282, 8.89 → 8.482 (색칠: 0.8, 9.282)

● ▭ 안의 세 수를 사용하여 식을 완성하시오.

(예) 6.12, 0.2, 6.02, 5.82, 0.1

6.02 − 0.2 = 5.82

6.02 − 5.82 = 0.2

❶ 6.84, 1.8, 0.007, 7.64, 5.84

7.64 − 1.8 = 5.84

7.64 − 5.84 = 1.8

❷ 5.963, 7.103, 1.14, 0.9, 0.003

7.103 − 1.14 = 5.963

7.103 − 5.963 = 1.14

❸ 1.5, 2.5, 0.2, 6.39, 8.89

8.89 − 2.5 = 6.39

8.89 − 6.39 = 2.5

732 벌레 먹은 셈

◆ □ 안에 알맞은 수를 써넣으시오.

낮은 자리의 □ 안의 수부터 차례로 찾습니다.

(예) 5.[7]8 − [3].8[2]2 = [1].95[8]

① 1.[6] − 0.3[7] = [1].23

② [1]3.52 − 4.[8] = [8].7[2]

③ 4.1[8]4 − [2].6 = 1.[5]8[4]

④ 7.62[1] − 2.2[8] = [5].[3]41

⑤ [2]0.3 − [2].[1]2[5] = 18.1[7]5

⑥ [9].1 − 6.0[3] = 3.[0]7

⑦ 7.72[3] − 0.[9]3 = [6].7[9]3

월 일

◆ □ 안에 알맞은 수를 써넣으시오.

가로셈으로 되어 있는 벌레 먹은 셈은 세로셈으로 바꾸어 구하는 것이 좋습니다.

(예) [6].39−1.7[8]5=4.[6]05

① 3.[7]46−2.4[8]=1.26[6]

② [4].65−1.2[3]8=3.[4]12

③ 9.7[6]−5.042=4.[7]1[8]

④ 10.43−6.[5]17=[3].91[3]

⑤ 3.[6]72−1.2[5]=[2].422

⑥ 6.85[2]−1.1[2]=5.[7]32

⑦ [1].75−0.[8]46=0.9[0]4

⑧ 0.[8]4−0.1[5]2=0.68[8]

잘 공부했는지 알아봅시다

월 일

1 □ 안에 알맞은 수를 써넣으시오.

❶

$$\begin{array}{r} 5.14\boxed{3} \\ -\ 1.9\boxed{8} \\ \hline \boxed{3}.\boxed{1}63 \end{array}$$

❷

소수 셋째 자리의 □ 안의 수부터 찾습니다.

$$\begin{array}{r} \boxed{3}3.2 \\ -\ \boxed{6}.\boxed{3}2\boxed{6} \\ \hline 26.8\boxed{7}4 \end{array}$$

2 빈칸에 알맞은 수를 써넣으시오.

❶ 8.136 →(−1.2)→ 6.936 →(−0.006)→ 6.93 →(−3.26)→ 3.67 →(−0.27)→ 3.4

❷ 6.78 →(−0.008)→ 6.772 →(−3.3)→ 3.472 →(−0.002)→ 3.47 →(−1.47)→ 2

3 □ 안에 들어갈 수 있는 수를 모두 쓰시오. 5 6 7

$$\underset{1.433}{6.233-4.8} < 1.\square22 < \underset{1.786}{7.246-5.46}$$

부등호 양쪽의 뺄셈식을 계산한 다음 □ 안에 들어갈 수 있는 수를 구합니다.

733 **선잇기**

월 일

◆ 알맞게 선을 이으시오.

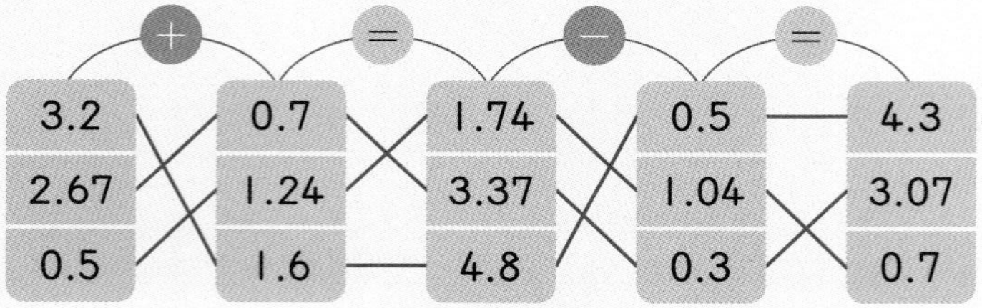

4.8−0.5=4.3
3.2+1.6=4.8

❶

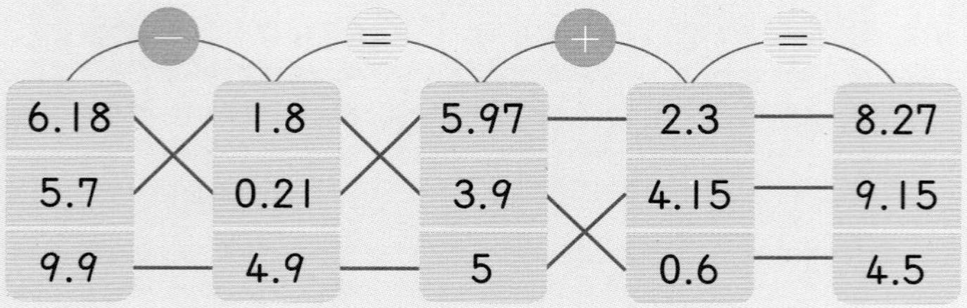

❷

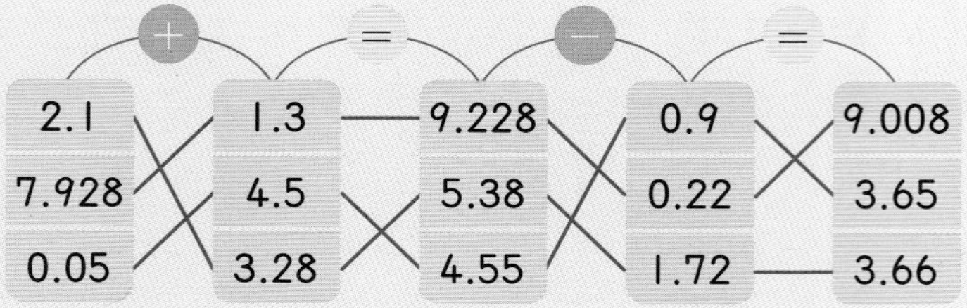

◆ 알맞게 선을 이으시오.

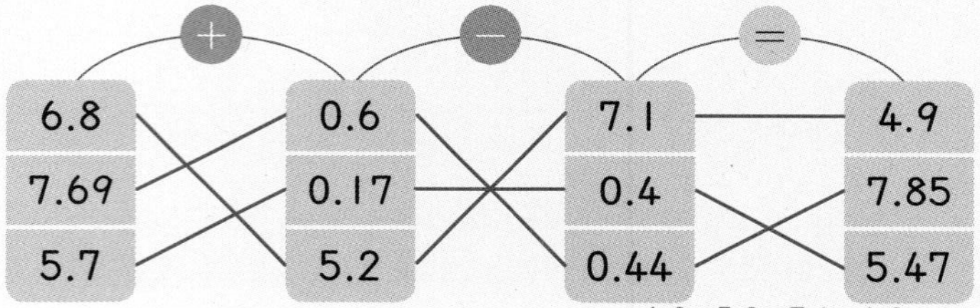

6.8+5.2−7.1=4.9
7.69+0.6−0.44=7.85
5.7+0.17−0.4=5.47

❶

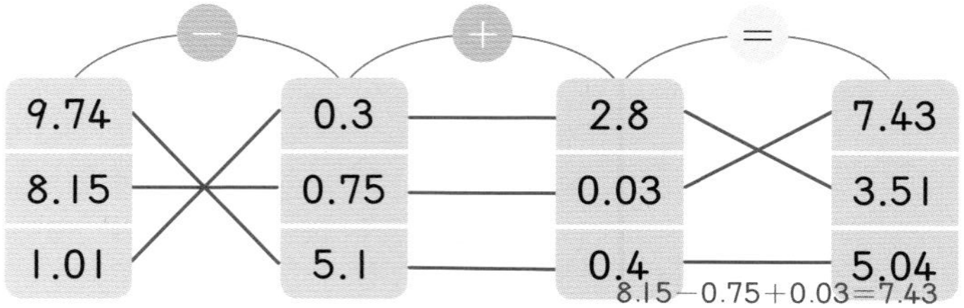

8.15−0.75+0.03=7.43
1.01−0.3+2.8=3.51
9.74−5.1+0.4=5.04

❷

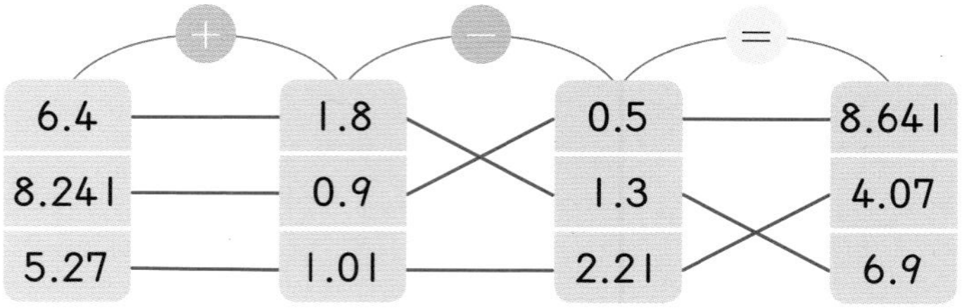

734 조건셈

● 다음을 구하시오.

조건
가장 큰 수와
두 번째로 작은 수의 합

1.7 0.25 6.04
3.2 0.86

6.04 + 0.86 = 6.9

❶ 조건
가장 큰 수와
가장 작은 수의 합

8.25 9.7 4.51
0.8 1.28

9.7 + 0.8 = 10.5

❷ 조건
두 번째로 큰 수와
가장 작은 수의 합

7.5 4.482 5.4
4.12 2.75

5.4 + 2.75 = 8.15

❸ 조건
가장 큰 수와
가장 작은 수의 차

7.8 8.956 6.1
0.7 0.15

8.956 − 0.15 = 8.806

● 다음을 구하시오.

조건
가장 큰 수와 가장 작은 수의 합에서 나머지 수를 뺀 값

6.2 0.74 3.05

6.2+0.74−3.05=3.89

❶ 조건
가장 큰 수와 가장 작은 수의 차에 나머지 수를 더한 값

9.67 6.1 4.9

9.67−4.9+6.1=10.87

❷ 조건
가장 큰 수와 가장 작은 수의 합에서 나머지 수를 뺀 값

5.54 7.94 3.3

7.94+3.3−5.54=5.7

❸ 조건
가장 큰 수와 두 번째로 큰 수의 합에 나머지 수를 더한 값

0.08 7.7 9.81

9.81+7.7+0.08=17.59

❹ 조건
가장 큰 수와 가장 작은 수의 합에서 나머지 수를 뺀 값

0.007 1.4 3.72

3.72+0.007−1.4=2.327

735 단위셈

월 일

◐ 다음 수를 구하시오.

(예시) 0.001이 12, 0.01이 21, 0.1이 19인 소수 세 자리 수

$$\begin{array}{r} 0.012 \\ 0.21 \\ +1.9 \\ \hline 2.122 \end{array}$$

❶ 0.001이 9, 0.01이 14, 0.1이 7인 소수 세 자리 수

$$\begin{array}{r} 0.009 \\ 0.14 \\ +0.7 \\ \hline 0.849 \end{array}$$

❷ 0.001이 66, 0.01이 98, 0.1이 2인 소수 세 자리 수

$$\begin{array}{r} 0.066 \\ 0.98 \\ +0.2 \\ \hline 1.246 \end{array}$$

❸ 0.001이 9, 0.01이 241, 0.1이 6인 소수 세 자리 수

$$\begin{array}{r} 0.009 \\ 2.41 \\ +0.6 \\ \hline 3.019 \end{array}$$

❹ 0.001이 58, 0.01이 5, 0.1이 46인 소수 세 자리 수

$$\begin{array}{r} 0.058 \\ 0.05 \\ +4.6 \\ \hline 4.708 \end{array}$$

❺ 0.001이 5, 0.01이 815, 0.1이 7인 소수 세 자리 수

$$\begin{array}{r} 0.005 \\ 8.15 \\ +0.7 \\ \hline 8.855 \end{array}$$

◐ 다음 두 수의 차를 구하시오.

(예시)
1.7+0.24=1.94
• 0.1이 17개, 0.01이 24개인 수
• 0.01이 25개, 0.001이 81개인 수
0.25+0.081=0.331

$$\begin{array}{r} 1.94 \\ -0.331 \\ \hline 1.609 \end{array}$$

❶
8.2+0.167=8.367
• 0.1이 82개, 0.001이 167개인 수
• 0.1이 63개, 0.01이 36개인 수
6.3+0.36=6.66

$$\begin{array}{r} 8.367 \\ -6.66 \\ \hline 1.707 \end{array}$$

❷
7.2+1.01=8.21
• 0.1이 72개, 0.01이 101개인 수
• 0.01이 53개, 0.001이 23개인 수
0.53+0.023=0.553

$$\begin{array}{r} 8.21 \\ -0.553 \\ \hline 7.657 \end{array}$$

❸
5.2+0.002=5.202
• 0.1이 52개, 0.001이 2개인 수
• 0.1이 11개, 0.001이 110개인 수
1.1+0.11=1.21

$$\begin{array}{r} 5.202 \\ -1.21 \\ \hline 3.992 \end{array}$$

736 소수 문장제

◐ 식과 답을 쓰시오.

아영이네 집에서 도서관까지의 거리는 2.12km이고, 도서관에서 학교까지의 거리는 0.89km입니다. 아영이가 집에서 출발하여 도서관에 들렀다가 학교에 가는 거리는 모두 몇 km입니까?

식 : 2.12+0.89=3.01(km)   답 : 3.01 km

❶ 강아지의 무게는 3.4kg이고, 고양이의 무게는 1.98kg입니다. 강아지는 고양이보다 몇 kg 더 무겁습니까?

식 : 3.4−1.98=1.42(kg)   답 : 1.42 kg

❷ 어머니는 정육점에서 소고기 0.567kg과 돼지고기 1.2kg을 사셨습니다. 어머니께서 산 소고기와 돼지고기는 모두 몇 kg입니까?

식 : 0.567+1.2=1.767(kg)   답 : 1.767 kg

❸ 물이 2.3L 들어 있는 물통에 3.851L의 물을 더 넣었습니다. 물통에 있는 물은 모두 몇 L입니까?

식 : 2.3+3.851=6.151(L)   답 : 6.151 L

❹ 정희는 과수원에서 사과를 5.3kg 땄습니다. 2.34kg의 사과를 동생에게 주었다면 남은 사과는 몇 kg입니까?

식 : 5.3−2.34=2.96(kg)   답 : 2.96 kg

◐ 식과 답을 쓰시오.

우유를 소정이는 0.23L, 명지는 0.31L 마셨습니다. 처음 우유가 1.2L 있었다면 남은 우유는 몇 L입니까?

식 : 1.2−0.23−0.31=0.66(L)   답 : 0.66 L

❶ 사과와 귤이 담겨 있는 바구니의 무게는 8.2kg입니다. 사과 5.23kg을 꺼내고 귤 2.35kg을 넣었다면 바구니의 무게는 몇 kg입니까?

식 : 8.2−5.23+2.35=5.32(kg)   답 : 5.32 kg

❷ 지은이는 미술시간에 가지고 있던 리본 중에서 영지에게 3.2m, 지석이에게 2.12m를 주었습니다. 처음 가지고 있던 리본이 10.21m였다면 남은 리본은 몇 m입니까?

식 : 10.21−3.2−2.12=4.89(m)   답 : 4.89 m

❸ 어떤 수에 6.78을 더해야 할 것을 잘못하여 뺐더니 2.345가 되었습니다. 어떤 수를 구하시오.

식 : □−6.78=2.345   답 : 9.125

❹ 어떤 수에서 3.9을 빼야 할 것을 잘못하여 더했더니 8.57이 되었습니다. 어떤 수와 바르게 계산한 값을 구하시오.

식 : □+3.9=8.57, □=4.67, 4.67−3.9=0.77

어떤 수 : 4.67   바르게 계산한 답 : 0.77

잘 공부했는지 알아봅시다

월 일

1 알맞게 선을 이으시오.

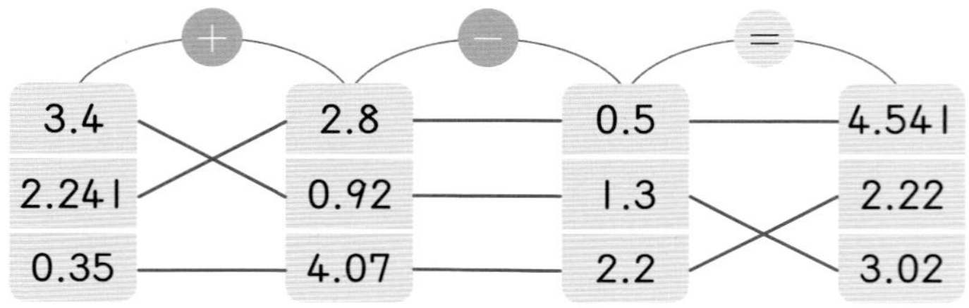

2 은정이는 감자 5.24kg 중 1.89kg을 카레를 만드는데 사용하였습니다. 남은 감자는 몇 kg입니까? 3.35kg

5.24 − 1.89 = 3.35(kg)

3 어떤 수에서 0.386을 빼야할 것을 잘못하여 더했더니 5.34가 되었습니다. 바르게 계산한 값을 구하시오. 4.568

□+0.386=5.34
어떤 수 : □=5.34−0.386=4.954
바른 계산 : 4.954−0.386=4.568

4 석훈이는 물통에 들어 있는 물 5.24L 중 3.89L를 사용하고 2.5L를 다시 넣어 놓았습니다. 물통에 들어 있는 물은 모두 몇 L입니까? 3.85L

5.24−3.89+2.5=3.85(L)

수학 개념이 쉽고 빠르게 소화되는
월등한 개념 수학
월등한 개념 수학
중등수학 1-1
중등수학 2-1
중등수학 3-1
Eugene Lee
월등한 개념 수학 모델
이유진
www.nebooks.co.kr